Le pas suivant

De vie en vie,

comprendre, apprendre, évoluer

Théo Brunier

Le pas suivant

De vie en vie,

comprendre, apprendre, évoluer

© 2020 Brunier, Théo

Édition : BoD – Books on Demand,

12/14 rond-point des Champs-Élysées, 75008 Paris

Impression : BoD - Books on Demand, Norderstedt, Allemagne

ISBN : 978-2-3222-2109-7

Dépôt légal : Septembre 2020

*Le pas suivant est celui que nous devons faire pour sortir des impasses et des situations répétitives qui souvent jalonnent notre vie. Plutôt que de les subir, il peut être opportun de chercher à **comprendre** l'éventuel sens dont elles sont porteuses. En quoi ces déceptions, ces blessures cherchent-elles à nous proposer des changements dans nos comportements et dans les valeurs qui les motivent ? Dans la perspective d'une évolution intérieure se faisant au cours de vies successives, une question semble bienvenue : que suis-je venu **apprendre** cette fois-ci ?*

A partir d'échanges recueillis dans le cadre de psychothérapies individuelles ou en groupe, ce récit nous aide à identifier dans la vie quotidienne « ce qui freine encore ». Car il est possible de décoder des signes de dysfonctionnement dans notre présent qui révèlent les sources de nos difficultés récurrentes. Pour certains cependant, c'est en cherchant des racines plus lointaines dans des vies passées qu'ils trouveront le fil rouge qui explique la détresse du présent.

Une fois ces prises de conscience effectuées, il nous reste alors à apprendre à affronter l'inconnu pour acquérir les outils nécessaires à la prise en main de notre destin, forts de nos acquis antérieurs et conscients des obstacles qui demeurent.

Sur notre route vers la liberté et l'autonomie, nous allons devoir remettre en question notre attachement aux biens matériels, notre dépendance à certains liens affectifs, nos identifications avec des croyances et des opinions qui vont s'avérer illusoires et passagères. Afin qu'au terme de cette vie nous puissions jeter un regard apaisé sur le chemin parcouru, avec le sentiment de la tâche accomplie.

Deux mondes en même temps

Premiers pas

Théo avait 17 ans et une copine : Chloé. Ils habitaient à Paris, chacun d'un coté de la Seine. Quand les cours finissaient plus tôt, ils se retrouvaient après le lycée.

Au téléphone, elle lui avait dit :

— Tu sais cette nuit, tu es venu me voir. Je t'ai vu au pied de mon lit, dans la pénombre. Je me suis redressée. Je n'ai pas eu peur. Tu es resté là, immobile, de longues minutes. Ce n'était pas un rêve.

Puis, assis près de moi, tu as chuchoté : « Paix... amour... confiance... ». Et tu as disparu.

C'était dit sur un ton assez solennel, bien différent de leurs échanges habituels d'ados.

Ils en avaient reparlé ensemble quelques jours après. Il pouvait lui indiquer la disposition des objets et la décoration de la chambre où il n'était jamais allé.

Pour Théo, bien plus que le caractère « farfelu» de la rencontre, alors que chacun était resté dans son lit à des kilomètres de distance, c'était le contenu de ses paroles, inhabituel dans sa bouche, qui lui posait question. C'était pour lui autant une révélation que des retrouvailles familières : « Il y a en moi quelqu'un de mieux que moi, plus âgé, sage et paisible ».

Dans sa vie de tous les jours, il pataugeait depuis son enfance incertaine, dans les peurs et les doutes. Et soudain, là, il reprenait furtivement contact avec une autre partie de lui-même.

Un pôle stable vers où revenir, si des erreurs de navigation venaient à s'accumuler.

Un rêve était venu confirmer : « Je devais m'évader d'un camp de concentration, dans la nudité désolée d'un paysage de neige. Un petit chien me guidait à travers les baraquements et les barbelés. Je m'étais retrouvé au dehors. »

C'était aussi sa première expérience, fugitive, d'un élargissement de sa perception du quotidien matériel. Un phénomène, naturel, banal, qui le réjouissait plutôt, dans la mesure où il agrandissait son ouverture au monde. Pour Chloé, c'était une évidence, qui s'intégrait sans problème avec ce qu'elle ressentait des choses.

Il en avait parlé avec d'anciens amis de sa famille qui l'accueillaient parfois quand il traversait une période difficile. Il les savait ouverts à ce qui est au delà des apparences.

— Mais bien sûr... Figure-toi : nous étions jeunes mariés et notre premier enfant venait de naître. Son petit berceau était au pied de notre lit. Une nuit, ma femme pousse un hurlement : elle voyait un homme qui s'approchait du couffin. Il était habillé comme les employés du gaz, qui, à l'époque, portaient un uniforme. Il semblait très surpris de la présence de ce bébé dans cette pièce. Puis la scène a disparu. Renseignements pris, le précédent locataire était un employé du gaz, mort quelques temps auparavant. Il était mort, mais n'avait pas l'air de le savoir. D'où son étonnement qu'on ait modifié le cadre de sa vie, sans l'en avertir. Pour lui le train-train continuait, il poursuivait ses habitudes. Pendant toute sa vie, seul avait existé le plan matériel, celui des cinq sens. Il n'avait donc pu percevoir son passage sur un plan plus subtil, qui n'était pas encore éveillé chez lui. Il n'avait pas vécu consciemment ce qui lui était arrivé.

Théo leur avait également raconté un rêve inhabituel, car il avait une force particulière au point d'en avoir toujours gardé, par la suite, le souvenir.

Il était un jeune Romain, qui devait avoir autour de dix sept ans, dans les années 300 ap. JC. Pour avoir de quoi manger, il se prostituait. Il était probablement mort jeune.

Pour Théo, l'énergie qu'il véhiculait n'était pas celle d'un rêve ordinaire, mais plutôt celle d'un souvenir. Cette hypothèse de vie précédente l'avait fait s'interroger sur la morale et ses valeurs. C'était une remise en question de l'image qu'il avait de lui-même. Cela l'avait amené à prendre du recul avec les jugements et les opinions toutes faites.

Un après-midi alors que le soleil d'hiver peinait à réchauffer le jeune couple de lycéens sur un des ponts qui traversent la Seine, le cri des mouettes faisait écho au temps de leurs vacances, quand ils s'étaient rencontrés dans ce petit village, près de la mer, en Normandie. Il évoquait la lumière de la baie perpétuellement changeante, qui filtrait au travers des nuages et se reflétait sur le sable mouillé. Comme dans les ciels immenses des peintres hollandais du XVIIème siècle.

Ils avaient prévu de faire une escapade au musée du Louvre. Dans une salle, ils tombent en arrêt devant un petit tableau.

Un homme et une femme dans un intérieur hollandais. Elle est enceinte. Théo sent quelque chose d'inhabituel au niveau de la tête, comme un « engourdissement lucide ». Un coup d'œil vers sa copine confirme qu'elle perçoit les mêmes choses : « C'est nous, tu sais ». D'autres images affluent et les bousculent. Il y a cette opulence de riches bourgeois. Mais aussi entre eux la frustration, la manipulation, la peur, l'incompréhension... L'impression d'être pris au piège, enfermés dans la prison des conventions sociales.

Ils se sont pourtant retrouvés à la fin du XIXème à Bergen, en Norvège, pour essayer d'apaiser leur relation et tenter de mettre fin à ce qui était resté non terminé. Il était pécheur. Il avait construit leur maison avec le bois des forêts avoisinantes, aidé par d'autres villageois. Cette vie simple et rude, égayée par les rires de leur petite fille et de son frère leur avait permis de se sentir plus proches.

Un jour en débarquant, il avait retrouvé leur chalet en flammes. Les voisins faisaient la chaîne en se passant des seaux d'eau, pour tenter d'éteindre le brasier. Il s'était précipité dans la maison où étaient restés les enfants, mais la chaleur irradiante de l'incendie, les poutres enflammées qui tombaient du plafond et barraient le passage l'avaient fait reculer. Il avait dû renoncer...

Avec sa femme la vie avait semblé reprendre, partagée entre la mer longtemps et la terre un peu. Un matin, il était parti seul, à pied, en direction de la montagne. C'était l'hiver. Il marchait devant lui, sans but. Des larmes, ponctuées de sanglots gelaient sur ses joues. Blanc sur blanc, le chemin avait rapidement disparu. Ses pieds s'enfonçaient dans la neige et le faisaient trébucher. A chaque chute, il se relevait, tentait un pas de plus. Le froid pénétrait de plus en plus profondément tout son corps, tandis que s'estompait peu à peu le sifflement des rafales du vent…

Puis le grand silence était venu.

Chloé et Théo en étaient là. Cette fois-ci. Bien que le souvenir de leur vie norvégienne n'ait pas été alors présent dans leur esprit, ils sentaient confusément qu'il ne fallait pas s'emballer dans leur relation. Avaient-ils à leur disposition différentes possibilités ?

En eux résonnaient deux voix : une jeune disait le plaisir et l'attirance du présent : ils étaient bien ensemble. Une plus âgée, savait le poids des incompréhensions passées et mesurait le risque de recommencer les mêmes erreurs qui n'auraient pas été complètement transformées.

Il y avait encore un petit travail de détachement à faire.

Chloé aurait pourtant bien tenté à nouveau l'aventure...

Essais d'autonomie

La vie quotidienne continuait pour Théo. Depuis que sa mère était partie vivre sa vie, quelques années auparavant, il habitait seul avec sa grand-mère. Son géniteur aussi s'était absenté depuis les origines. Il assumait donc la marche de la maison depuis un bon moment.

— Bonjour Monsieur, avait dit sa grand-mère à Théo, en lui ouvrant la porte.

Stupeur : maintenant, elle ne me reconnaît même plus ! Ce n'était pas une plaisanterie, mais un pas de plus dans la nuit Alzheimer où elle s'enfonçait doucement depuis quelques années, sans qu'il ne prenne vraiment conscience de sa dégradation mentale. Il y avait eu d'abord les casseroles brûlées, puis les heures et les jours qui se perdaient dans le brouillard. Et l'angoisse qu'elle ne retrouve pas son chemin quand, dans les derniers temps, elle sortait encore seule.

A vrai dire, il ne se rendait pas compte de grand-chose. C'était pour lui sa normalité, qui ne lui semblait pas si différente de celle de ses copains.

Un dimanche, ils avaient marché dans le Bois de Boulogne, pour prendre un peu l'air. Le lendemain, alors qu'il lui faisait prendre son goûter, sa bouche s'était tordue et elle avait failli tomber de sa chaise. Le médecin était venu : hémiplégie... plus de parole...

Elle avait pourtant retrouvé, un temps, une possibilité de déplacement limité en balançant sa jambe malade devenue raide. Elle ne pouvait plus se nourrir seule. Puis elle était devenue grabataire. Des escarres aux fesses et aux talons s'étaient développées.

Aucun soignant n'intervenait : Théo ne savait pas que ça existait ! Le médecin, vu deux ou trois fois l'avait félicité de s'en occuper. Il lui avait conseillé de mettre des demi-oranges sur les talons pour éviter le frottement des draps. Et basta. Théo jonglait pour continuer ses études, faire à manger, laver le linge, etc. Un jour, tandis qu'il lui tenait la main comme souvent pour manifester sa présence, alors qu'elle n'avait pas prononcé une

parole depuis plusieurs années, elle avait articulé clairement :
« Théo ».

Elle était morte le lendemain.

Théo avait maintenant 21 ans et se retrouvait soudain sans attaches, libre d'explorer la vie. Mais très désireux de lui trouver un sens.

Les cycles de la vie

Après la mort de sa grand-mère, Théo éprouvait, au sortir de ces années de jeunesse chahutées, le besoin de faire le point avant de s'engager dans une direction précise. Il ressentait un profond besoin de campagne. Des acquis de son enfance, lui restait le souvenir de la puissance régénératrice de la nature. Lui revenait alors le goût des embruns salés qui fouettaient le visage en marchant sur la plage, le poids de la glaise qui collait aux bottes dans les sillons d'une terre fraîchement labourée. Il se sentait envahi par ces sensations premières qui permettaient de s'accorder avec les rythmes fondamentaux de la vie : le jeu des rayons de lumière filtrant au travers des feuillages d'automne, l'odeur des sous-bois et du terreau mouillé après l'orage, les battements d'ailes bruyants d'un oiseau s'échappant d'un buisson, surpris dans sa quiétude par des pas humains.

Il était donc parti travailler dans une ferme dans le Cantal. Un couple de fermiers y accueillait des jeunes en crise, volontaires pour prendre de la distance avec des habitudes délétères. Théo s'occupait des vaches, de la traite, de l'entretien des prairies, du fauchage du foin pour l'hiver.

Il avait fait la connaissance de Xavier, un autre jeune venu, comme lui, se ressourcer loin de la ville, au contact de la nature. Xavier avait réussi à décrocher d'avec la dope dont il était revendeur.

Xavier avait été un enfant battu.

Dans le vestiaire de la salle de boxe, Xavier se rhabille après le combat. Ce soir, le moindre mouvement lui est douloureux et pénible : enfiler son jean, faire passer le col du sweat sur son visage devenu presque étranger à force d'être tuméfié. Pourtant il a été vainqueur. Après avoir reçu au visage un coup particulièrement douloureux, une rage l'a pris face à ce mec. Un bon technicien dont l'âge avait appesanti les pieds. L'arbitre a arrêté le combat, surpris des ressources de ce garçon plutôt habitué à mordre le tapis. Il a vingt ans. L'écho des coups résonne dans son corps, brouillant ses yeux. Sueur ou larmes ? Ce soir, c'est trop. Il veut arrêter la boxe.

Un visage qui gueule, et les grosses mains de son père apparaissent entre ses paupières mi-closes.

La ceinture et la cravache aussi...La table de la cuisine avec la toile cirée. Le carrelage froid. La peur et le froid se lisent aussi dans les yeux de sa mère. Elle qui ne dit rien quand il le bat.

Après, Xavier s'écroule tout habillé sur son lit, essaie de se faire plus petit, et attend jusqu'au matin l'heure d'aller à l'école. Quand l'aube pointe, il a encore gagné un jour sur la vie.

Ça a duré jusqu'à ses quatorze ans.

Alors il a pu se tirer en apprentissage, pour devenir jardinier paysagiste. Puis un copain lui a parlé de la boxe. Ça a fait tilt. Il a vite aimé. « Étonnante même, sa capacité à tenir la durée des rounds » disait l'entraîneur. Il ajoutait « pas assez teigneux ». Blagueur, malgré ses yeux tristes, il s'est vite fait des copains.

Corinne n'était pas qu'une copine. Elle bossait dans un restaurant et rentrait tard le soir. Elle avait aimé la silhouette de ce grand baraqué tranquille, la douceur de ses grosses mains sur sa peau. Quand Xavier l'entendait grimper à toute allure l'escalier de l'immeuble dans lequel ils louaient une petite chambre, une chaleur douce apaisait sa poitrine, puis montait jusqu'à ses yeux pour y allumer une petite lumière.

Depuis quelques mois, il était question pour eux de faire un enfant. Et ils avaient commencé à se disputer. Elle était déterminée, lui ne se sentait pas prêt. Il disait plus tard. Elle voulait maintenant. Il rentrait en retard. Elle l'attendait, à présent. Un soir, le ton avait monté. Les mots qui faisaient mal avaient jailli de leurs blessures à fleur de peau. Puis ils avaient fait l'amour.

Avant d'éteindre la lumière, son regard s'était porté sur ses grosses mains. Et soudain une violente rage, prête à le submerger, était brusquement montée en lui. Il avait regardé ses poings, effrayé.

Alors il avait compris qu'il lui fallait partir. Vite.

Après sa séparation, il s'était retrouvé paumé, de nouveau seul avec lui même. Un « copain » d'errance l'avait entraîné, d'abord, à fumer des joints. Puis, il était devenu dealer. Il faisait connaissance avec la facilité et gagnait très bien sa vie. Mais comme « la joie venait toujours après la peine », il avait aussi rencontré une étoile dans la nuit, qui s'appelait Lina. Elle avait tenté de l'aider à sortir de ses circuits destructeurs. Elle-même avait réussi à émerger d'une déprime sévère grâce à la méditation. Elle y avait sensibilisé Xavier, qui, curieusement, s'était rapidement senti à l'aise. Il avait découvert un continent inconnu, propice à toutes les découvertes : son monde intérieur. Il commençait à faire connaissance avec un autre Xavier. Lina l'encourageait aussi à se perfectionner dans l'aménagement des paysages qu'il composait et à mettre en mots et en croquis ce qu'il ressentait. Il avait repris une formation de paysagiste.

A la ferme, Xavier était chargé tout naturellement de l'organisation du potager. Il était heureux de la confiance qui lui était faite et de la liberté d'initiative dont il bénéficiait. Il était fier de la beauté de son jardin.

Il essayait de mettre en pratique ses convictions sur le jardinage pour produire des légumes capables de maintenir les gens en bonne santé. Il avait lu que la tradition chinoise voulait qu'on mange ce qui avait poussé dans le périmètre qu'on pouvait parcourir à pied en une journée, en respectant, bien sûr, le rythme des saisons. Sinon les légumes apportaient une énergie inadaptée aux besoins du corps : les tomates riches en eau, poussent en été quand le corps en a besoin. Consommées en hiver, elles contribuent à déséquilibrer notre organisme. Il voulait favoriser une terre vivante, riche en humus, en vers de terre et en micro-organismes. Il avait organisé un espace potager où tout ce qui poussait interagissait avec les plantations voisines.

Les poules s'y promenaient en toute liberté. Une mini forêt de grands arbres servait de brise-vent et créait un micro climat régulateur pour ce potager verger. Une mare avec des grenouilles et des canards contribuait à une complémentarité animale, tandis que les associations de plantes comestibles ou non, assuraient la vigueur et les défenses des légumes. Des ruches favorisaient la pollinisation. Il était aidé par l'abondance du fumier de l'étable qui fournissait un engrais naturel de qualité.

Les maraîchers voisins, d'abord moqueurs devant l'envahissement des plantations par les « mauvaises » herbes, avaient peu à peu été étonnés d'année en année par la vitalité et la résistance aux maladies des légumes de Xavier. Certains leurs reconnaissaient même un meilleur goût. Ils étaient particulièrement étonnés par la productivité de son potager-jardin. Dans un espace de 1300 m^2 de potager cultivé, entouré des interactions de l'environnement, des bois, mares, poulailler, verger, il obtenait les mêmes rendements que ses voisins avec 9000 m^2 !

Leurs terres à eux étaient devenues un sol stérile, sans vie propre, dépendant des apports chimiques, qui conditionnaient les rendements. Priorité était donnée, à la quantité, sans tenir compte de la fragilisation des plantes qui ne pouvaient survivre que grâce à l'emploi de pesticides destructeurs des hommes et de l'environnement. Toute l'interdépendance de l'écosystème était ignorée. Et les insectes et les oiseaux disparaissaient.

Xavier disait « La terre est comme les humains, elle aussi a besoin de coopération. Si on l'aide, elle sait trouver ce qui va lui permettre de se régénérer, de s'épanouir et de renforcer sa résistance aux agressions. Mais il faut respecter sa vie. La terre est un être vivant ».

Dans l'obscurité du petit matin, Théo se rendait à l'étable pour la traite de ses vaches. Tous ses sens étaient remplis des frémissements de la terre qui s'éveillait. Seul le cliquetis des chaînes des vaches troublait le silence. Il souriait en voyant leur souffle faire de petits nuages au contact de l'air froid à la sortie de leurs naseaux. C'était pour lui un moment privilégié pour s'imprégner de l'énergie de la journée qui commençait.

Les deux garçons ressentaient la profonde harmonisation intérieure que leur procurait peu à peu ce contact avec les rythmes fondamentaux de la vie. Ils voyaient les paysages se transformer au cours des saisons et participaient à ces rythmes premiers qui renouvelaient en permanence la vie de la terre. Ces cycles qui revenaient, ajoutant chaque année un cerne aux arbres, tout en assurant la continuité de leur croissance, faisaient souvent partie de leurs échanges du soir sur un thème qui les passionnait tous les deux : la possibilité d'avoir plusieurs vies.

Si toute la nature évolue de cycles en cycles, d'années en années, pourquoi, pour les hommes, le processus serait il différent ? Mais pour le comprendre, il ne fallait pas se limiter au visible. Comme si ce soir nous affirmions que la seule réalité de l'univers était ce fascinant ciel étoilé que nous percevons à l'œil nu au dessus de nos têtes ! En oubliant les milliards d'autres mondes que nous commençons seulement à découvrir. Ce qui excitait leur curiosité, n'était pas seulement l'explication du passage du corps matériel de l'Homo Erectus à celui de

Sapiens, mais de savoir comment évolue aussi la partie subtile de l'homme, celle qui persiste de vie en vie.

Ils avaient déjà expérimenté l'un et l'autre ce plus subtil dans l'homme et la possibilité de s'éloigner du corps physique et des apparences matérielles. Xavier, malgré son jeune âge avait eu un accident vasculaire cérébral et avait fait un coma. Il était revenu transformé par cette expérience.

— J'ai quitté mon corps que j'ai vu d'abord allongé sur le lit depuis le plafond de la chambre de l'hôpital. Puis j'ai été aspiré dans un tunnel qui débouchait dans une lumière intense et paisible. Il y avait des gens qui s'occupaient de moi. J'y suis resté un moment. Puis on m'a dit : « Maintenant, il faut retourner sur terre. Ce n'est pas le moment pour toi de quitter la vie terrestre.» Je ne voulais pas, car j'étais très bien là-bas. Mais je me suis retrouvé dans mon lit d'hôpital. Ce « voyage » m'a débarrassé de la peur de la mort, mais aussi de multiples craintes qui m'envahissaient souvent. Ça m'a rapproché des autres. J'ai changé de priorités.

C'est à ce moment là, qu'il avait voulu faire un break à la ferme.

Ils se demandaient : quand on n'est pas que son corps, qui est-on ? Est-ce qu'on évolue aussi ?

Si la mort n'est pas la mort

Au bout de deux ans, Théo avait quitté la ferme, pour débuter des études d'infirmier. Xavier était resté encore un peu. Ils se donnaient des nouvelles de temps à autre.

Son diplôme en poche, Théo s'était installé dans un petit village.

Son métier d'infirmier lui permettait d'être très proche des gens. Il appréciait la simplicité d'avoir accès à une forme de communauté entre humains devant la maladie et la souffrance. L'inquiétude par rapport à leur santé permettait à certains de voir avec un peu plus de recul les obligations dans lesquelles ils se croyaient plongés.

C'était l'occasion pour Théo d'aborder parfois des sujets plus sérieux, comme de faire la différence entre les problèmes passagers de la vie ordinaire et ceux plus déstabilisants de la maladie grave ou des accidents. De parfois établir une nouvelle vision des priorités et de ce qui était essentiel dans notre vie. Lorsque la vie était menacée, toutes les urgences et les besoins jugés indispensables pouvaient en un instant se retrouver secondaires et futiles. Il s'établissait aussi, une simplicité dans les relations avec les patients où le statut social, l'âge, le sexe, la religion, les opinions politiques et la couleur de peau, perdaient leur importance.

Un jour, il était allé rendre visite à une vieille voisine italienne. Elle avait perdu son fils dans un accident quelques années auparavant et souvent, elle évoquait, en pleurant, le jour où on lui avait ramené son corps, quelques minutes après son départ en scooter.

— Théo, je voudrais aller chercher quelque chose dans le grenier. Cela fait des années que je n'y suis pas montée. Peux-tu m'y accompagner ? J'ai du mal à marcher et j'ai peur de tomber.

Là, au 2ème étage, dans la pénombre, au fond du couloir qui séparait les pièces de part et d'autre, il y avait un homme, jeune, debout, plutôt souriant. Cette présence inattendue, dans un endroit dans lequel personne ne venait jamais, n'était pas pour autant inquiétante.

Théo compris tout de suite que cette silhouette était celle de son fils : « Dis à ma mère qu'il faut qu'elle arrête de pleurer. Je suis toujours vivant. » Elle-même ne s'était rendu compte de rien. La rencontre avait été si banale et paisible qu'il avait senti possible, après réflexion, de lui transmettre le message quand ils avaient regagné le rez-de-chaussée :

— Lo visto. Non e morto.

Il lui avait décrit son veston, un peu surprenant chez un jeune, à l'époque.

— Oui, il en mettait un pour son travail.

A chaque fois que Théo venait, elle qui avait été d'abord incrédule, lui faisait préciser des détails de ce qu'il avait cru percevoir. Elle voulait se rassurer qu'il n'avait pas rêvé.

La vieille femme s'apaisait doucement.

Ces quelques « petites » expériences, vécues au cours de sa vie de tous les jours, avaient amené Théo à prendre davantage conscience du profond décalage qui existait entre son expérience intérieure et les seuls objectifs matériels sur lesquels était basé son environnement quotidien : le besoin d'accumulation de possessions, la recherche d'une position sociale attractive, l'exacerbation des jeux de pouvoir dans la concurrence professionnelle, la quête éperdue de rencontre entre les sexes, la manipulation des esprits par la pub, etc.

Il imaginait les bouleversements que provoquerait la révélation par l'expérience, du caractère provisoire de la mort : tant de choses changent, si la mort n'est pas la fin de tout.

Pour lui, le quotidien des hommes avait été complètement faussé par cette conception de la vie limitée au visible. Mais il avait rapidement admis que pour certains, la terre s'arrêtait là où se trouvait la ligne d'horizon. Ils restaient prisonniers de l'illusion du visible. Et il était difficile pour eux de concevoir que notre boule bleue sur laquelle ils se trouvaient si stables et en sécurité à l'instant, était aussi en même temps, propulsée à trente kilomètres par seconde autour du soleil, comme l'affirment les astrophysiciens. Lui ressentait les deux affirmations, comme compatibles. Le fils de l'italienne était mort dans un accident ET il était dans le grenier, des années plus tard, attentif à la peine de sa mère. Le premier travail à faire lui semblait de partager joyeusement la fin des certitudes du visible.

Si la mort n'est pas la mort, alors les hommes peuvent être enfin libérés de leur peur fondamentale.

La perspective change complètement, si la mort n'est qu'une ponctuation qui permet notre évolution de vie en vie. La qualité de notre avenir dépend alors des transformations et des progrès intérieurs que nous aurons été capables d'effectuer. Nous devenons responsables de ce qui nous arrive. Et de ce qui arrive aux autres. Ce qui entraîne une totale remise en question de nos choix, de nos priorités et des valeurs sur lesquelles est basé le fonctionnement actuel de notre société.

Il ne se fondait pas du tout sur une croyance religieuse ou scientifique, mais sur son expérience.

Mais même l'expérience a une part de subjectivité dans ses interprétations. L'honnêteté de base est de le reconnaître. Et de ne pas faire comme certains « scientistes» qui « croient qu'ils savent et ne savent pas qu'ils croient », comme peut en témoigner toute l'histoire des sciences.

Il reste à explorer le monde avec curiosité, respect et tolérance.

Il lui fallait donc à présent tenter d'affirmer ses valeurs face au modèle dominant. C'était pour lui une des premières leçons de cette vie : penser par soi-même, être ouvert aux possibles, faire confiance à son expérience, plutôt que de se rallier à une majorité d'opinions conditionnées par l'air du temps et inconsciente de l'être.

C'était peut-être une des raisons pour laquelle, au delà de la joie de la relation aux autres, il s'était très vite senti à l'étroit sous son étiquette « d'infirmier », derrière laquelle il n'était qu'un exécutant d'une conception de la santé qui visait essentiellement à faire disparaître un symptôme gênant, sans tenir compte de tous les éléments proches et lointains qui avaient fait naître le problème.

Il intervenait en bout de chaîne, quand on avait laissé s'accumuler tous les facteurs de risques. Il ressentait donc le besoin de mieux comprendre les causes, de ne pas se limiter aux dysfonctionnements corporels et d'avoir dans le domaine de la santé une approche « globale ». Un être humain avait aussi un psychisme, une vie affective, des croyances, un passé proche et

« lointain », un environnement familial actuel et un autre qui remontait aux générations précédentes. Tout cela pouvait retentir sur son bien-être.

Il avait donc entrepris différentes autres formations, particulièrement dans le registre des psychothérapies.

L'abandon d'Amélie

Le passé au présent

Théo s'était installé dans une grande maison en pleine campagne, au milieu des vignes et des oliviers. Au printemps, des vagues rouges de coquelicots en liberté envahissaient les prairies alentours. Au loin, entre deux collines se profilaient les ruines d'un château féodal où venait se coucher le soleil d'hiver.

A quelque temps de là, on lui avait proposé de participer dans un village proche, à une réunion avec des gens inconnus, préoccupés de pouvoir proposer des approches d'apprentissage différentes à leurs enfants. Il avait senti intérieurement qu'il lui fallait s'y rendre. Non pour s'informer sur d'autres pédagogies, mais pour y rencontrer Elsa, celle avec qui il allait désormais partager son chemin !

Cette grande maison offrait la possibilité d'accueillir des groupes et de pratiquer des séances de thérapies individuelles. Les stagiaires pouvaient rester sur place plusieurs jours et participer à la vie de la maison.

Il avait expérimenté différentes approches thérapeutiques et proposait à ceux qui venaient le solliciter, de leur répondre avec ce qui lui semblait le plus adapté. Sans appliquer les dogmes de telle ou telle chapelle. C'était en fait sa synthèse thérapeutique personnelle qui résonnait avec la problématique des patients. Ce qui ne l'empêchait pas de baliser le chemin avec des feux rouges. Il était plutôt un guide accompagnateur qui assumait les découvertes du voyage.

C'est ainsi que certains « explorateurs », avaient dans leur recherche, à partir de leur mal-être présent, tiré sur un fil, qui semblait les mener vers des causes « lointaines » de leur souffrance actuelle. Si lointaines, qu'ils prenaient parfois contact avec des épisodes de vies passées.

L'une des premières à avoir tenté l'exploration, était Amélie. L'honnêteté de sa démarche reste, pour Théo, exemplaire.

Elle avait soixante trois ans et les 180 km aller-retour de trajet pour venir le voir, n'avaient pas fait faiblir sa motivation. Elle était venue, sur les conseils de son kiné, ouverte à toutes les opportunités pour sortir du pétrin où la vie l'avait plongée. Plusieurs années auparavant, son mari s'était tranché la gorge avec son rasoir et elle avait déjà fait deux tentatives de suicide. Elle avait élevé seule ses deux enfants.

Elle avait grandi dans une cité minière du Nord. Sa mère, illettrée, avait été placée chez des « maîtres », comme bonne, à l'âge de neuf ans. Sa patronne la taquinait quand elle suçait son pouce pendant son travail !

Probablement désireuse d'échapper à son modèle familial, Amélie, à quatorze ans, avait convaincu son père de l'emmener à Lille, pour postuler dans un pensionnat privé, afin de faire une formation de couturière. C'est là qu'elle avait rencontré la directrice, Sœur Supérieure. Devant la petite, médusée, mais ravie, la religieuse avait répondu au père qui s'opposait à la démarche d'apprentissage de sa fille pour des raisons financières : « Mais, Monsieur, je ne vous ai rien demandé ! ».

Cette fois encore, Amélie avait décidé de faire face à l'adversité. Elle avait courageusement entrepris un travail thérapeutique individuel et de groupe, avec une force de motivation étonnante, malgré les inquiétudes qui la taraudaient.

Lors de son premier groupe, pendant toute la matinée, elle était restée assise à distance en observation, sur les marches d'un petit escalier qui donnait sur la salle où se trouvait l'ensemble des participants. Elle essayait pour commencer, d'apprivoiser leurs comportements bizarres lors des exercices proposés. C'était en complète rupture avec son univers quotidien.

Ce qui ne l'avait pas empêchée de devenir au cours des années, un des piliers de la maison, dont elle assumait désormais une partie de l'intendance. C'était même devenu sa résidence secondaire, où elle assurait avoir passé les plus belles années de sa vie.

Amélie raconte maintenant dans ses notes, ses « débuts » d'organisatrice, dans la grande maison où se déroulait un stage.

Lundi, 3 août

J'ai fait la cuisine pour un groupe. C'était la première fois et ça s'est bien passé. Il m'a semblé que j'étais à ma place, dans un ensemble cohérent, que la cuisine était bonne, qu'elle était bien reçue et que la maison tournait rond. Hier, après le départ du groupe, tout était en équilibre, moi compris.

Et puis le soir, Suzanne et Alex sont arrivés. Par discrétion je suis allée me promener pour les laisser avec Théo. Mais il y avait autre chose... L'équilibre était rompu. J'ai pensé : « le temps de la maison est terminé... » Pourquoi ai-je pensé cela ?

Aujourd'hui, c'était plutôt pour moi la cacophonie. Je me suis sentie déstabilisée. Je n'ai pas aimé la cuisine que j'ai faite ce midi. Ce n'était pas juste, pas adapté, un peu comme moi. Pour le repas de ce soir, j'ai eu une envie irrésistible de faire une tarte aux poires comme pour rétablir mon propre équilibre. C'était bien plus qu'un dessert. C'était comme une bouée de sauvetage quand on se noie.

J'en suis là ce soir.

Théo me pose des questions pour m'aider à cerner l'origine de ce malaise.

Peu à peu ça se précise et je parle de cette grande maison où nous sommes. Je parle des moments privilégiés de l'après midi quand tout est rangé après le repas. Le carrelage sent bon le propre et je croise les volets pour faire la pénombre dans la pièce. C'est le calme, la sécurité, la paix. Un rayon de soleil danse dans l'ombre par le mouvement des feuilles du marronnier. C'est un silence vivant. Le chant des cigales dehors est assourdi.

Et sans transition, j'évoque « la maison ». Ce n'est pas celle-ci. Elle a cette même atmosphère, mais elle est plus grande, plus cossue. C'est une maison qui est dans ma mémoire ; pourtant il n'y en a aucune de semblable dans ma famille.

Quand j'étais au pensionnat, il y avait un tableau qui me fascinait. Il était dans la salle de musique, dans la salle flamande à cause de l'origine des toiles qui étaient accrochées aux murs.

Curieusement à cet instant, je ne me souviens que d'une partie du tableau : une pièce, dans la pénombre, avec une bande de soleil qui éclaire un carrelage brillant à grand damier noir et blanc.

En évoquant ce souvenir ma voix a changé de timbre.

Théo me propose de respirer profondément et de laisser aller...

Je me retrouve devant le tableau et à un moment, comment dire... je rentre dedans.

Je suis dans une grande pièce, haute de plafond. Il y a peu de meubles, mais ils sont lourds, massifs. Le bois est sombre et bien ciré. Une corbeille sur une large table, à droite. Au fond un buffet de petite taille, mais imposant, des cuivres... A côté de la table, un fauteuil à haut dossier... C'est une maison de riches, mais austère. Il fait chaud dehors. La pièce est dans l'ombre, une ombre légère. Un rai de soleil met en évidence le carrelage à damier noir et blanc. La maison semble inhabitée.

Qu'est-ce que je fais là ? J'ai le cœur qui bat vite. Je respire plus fort et j'ouvre les yeux avec difficulté.

Théo me demande ce qu'il s'est passé.

J'ai eu peur. J'ai eu l'impression d'aller voir quelque chose d'interdit. Je risquais d'être punie.

Il me rappelle qu'il est là, qu'il m'accompagne.

Je me fixe sur ma respiration et je me retrouve facilement dans la pièce entrevue.

Une femme est assise dans le fauteuil à côté de la table. Elle est plutôt ronde, le visage ouvert. Elle est vêtue d'une robe gris-beige, au corsage ajusté sur une large poitrine. La jupe est ample, elle doit être soutenue par de lourds jupons. Elle porte une coiffe simple et raide, à bavolets. C'est une servante. Dans la corbeille, sur la table, il y a un ouvrage qu'elle a abandonné. Elle a les mains posées sur les genoux. Elle semble perdue dans ses pensées. On sent que cette femme dirige la maison. C'est une servante, mais c'est une maîtresse femme. Elle est au courant de bien des choses. Elle connaît les secrets des maîtres. Elle est discrète et intelligente.

La pièce semble s'élargir sur la gauche. Assise de trois-quarts par rapport à la servante, il y a une autre femme, complètement immobile. A proximité sur une petite table ou un tabouret, une cruche en terre avec des fleurs légères aux teintes douces. Le costume de cette femme est semblable à celui de la servante mais le tissu est plus fin, de couleur plus sombre. Sa coiffe est ornée de guipure. Autour du cou, elle porte une chaîne avec un médaillon qui descend bas sur la poitrine.

Cette femme a le visage dur. Elle est un peu sotte. Elle ressemble à une statue, les mains croisées sur le ventre. C'est la maîtresse de maison. Elle représente le pouvoir. Les deux femmes semblent s'ignorer. Elles ne se regardent pas.

Une petite fille entre. Elle a environ quatre ans. Elle est maigre et marche en hésitant. Elle est vêtue d'une toile fine, écrue, toute droite, boutonnée ou lacée haut sur l'encolure. La robe n'a pas de fronces, pourtant le bas s'évase quand la petite fille marche ; ce sont peut-être des plis plats qui donnent l'ampleur. Sa coiffe est plus légère que celle des femmes. Elle est resserrée derrière par une coulisse.

Cette petite fille, c'est moi. Je suis la fille de la maison. Je me réfugie dans les jupes de la servante. Elle sent bon le propre et les fleurs séchées. Elle m'accueille et pose ses mains sur ma tête. Je suis bien, en sécurité. Cette femme m'aime. Pourtant je la sens inquiète, comme si quelque chose d'inéluctable allait se produire.

Je relève un peu la tête et jette un coup d'œil à la dérobée vers l'autre femme, ma mère probablement. On entend des bruits de chevaux, de carriole dehors. La maîtresse de maison est toujours immobile. La servante me sert plus fort contre elle.

Un homme grand et fort entre et reste un moment à l'entrée de la pièce. C'est un valet. Il a des bottes hautes et une veste longue et ample. Sur le bras gauche, il porte un vêtement noir : c'est une cape. L'homme regarde vers la maîtresse de maison avec déférence. Celle-ci fait un geste sec de la main gauche. Le valet se dirige vers moi et me relève doucement. Il semble hésiter et regarde à nouveau vers la femme qui fait juste un petit signe de la tête et semble se désintéresser de la situation. Ses ordres sont donnés. Le valet me tire à lui plus violemment et m'entraîne rapidement dehors. Je me suis laissé emporter sans un cri comme si toute résistance était inutile. Tout s'est passé très vite et en silence.

Je ne sais pas pourquoi mais je peux dire que cette scène se passait vers les années 1600, dans un pays de l'Est, peut-être la Roumanie actuelle.

Théo me demande ce qu'est devenue la petite fille. Je

réponds qu'elle n'a pas vécu.

Mardi, 4 août

J'ai eu beaucoup de mal à revenir dans la réalité après cette expérience, hier soir. Théo m'avait pourtant fermement recommandé de prendre mon temps pour récupérer. J'étais si fatiguée que je me serais bien endormie là, sur place. Mais très vite, je me suis rendu compte que beaucoup de temps avait du passer depuis le début de cette séance de travail. La nuit était tombée. Sylviane devait être arrivée et je l'entendais qui parlait avec Josée. Elles devaient s'étonner de cette longue absence.

Alors je suis revenue dans la cuisine trop vite. J'étais comme ivre. Sylviane était volubile et tout à trac elle m'a demandé la recette de cette tarte aux poires qu'elle avait trouvée si bonne. J'étais éblouie par la lumière, étourdie par les questions, incapable de répondre.

La journée d'aujourd'hui est restée reliée à la soirée d'hier. Chaque petit événement m'y a renvoyée, à commencer par le bouquet que j'ai fait ce matin avec des fleurs cueillies ailleurs que sur la propriété... Je n'en ai jamais fait de semblable. Il était la copie conforme de celui qui était à coté de la maîtresse de maison dans « le rêve ». C'est quand il a été terminé que je l'ai reconnu.

Tous les abandons dont j'ai fait l'objet depuis que je suis une petite fille me sont revenus à la mémoire, mais c'était léger. Même le dernier en date qui remonte à six ans et qui m'a fait tellement souffrir que j'ai cru en mourir. C'était le passé, c'était bien intégré, ça n'avait plus de relent de peur ou d'angoisse. C'était bien.

Pourtant je sais par expérience que chaque fois que quelque chose me paraît terminé, la vie me propose un contrôle. C'est ce que j'appelle les travaux pratiques. Ça n'a pas raté. Le premier doute est venu de l'envie que j'ai eue de faire un bouquet pour fleurir la chambre de Roxane qui allait arriver ce midi. J'ai beaucoup hésité, tournant le bouquet dans tous les sens. Et puis j'ai renoncé en pensant, « Il est malvenu qu'une cuisinière fleurisse la chambre de la maîtresse de maison... » Qu'est-ce que ça voulait dire ?

Roxane a beaucoup d'importance dans cette maison. Elle y a une situation particulière et ses habitudes. Théo a des ménagements pour elle qu'il n'a pour aucun de ceux qui passent ici. Nous en avons justement parlé il y a quelques jours. J'ai mieux compris ses motivations.

A mesure que l'heure d'arrivée de Roxane s'approchait, une sourde angoisse montait en moi. Au moment où elle est apparue au bas de l'escalier, tellement jeune, tellement élégante, j'ai cru que je n'arriverais pas à retenir les larmes qui s'étaient coincées au fond de ma gorge. Je ne comprenais pas cette réaction exacerbée. Je me suis sentie diminuée de moitié par la peur. Le contrôle était sévère ! Je suis restée dans cet état tout l'après midi. J'ai même eu envie de rentrer chez moi vers cinq heures. Partir avant qu'on me renvoie.

Il n'a jamais été question que je sois renvoyée d'ici. Chaque fois que j'en suis partie, anticipant sur un renvoi supposé, je sais que c'est moi qui avais créé la situation de rejet. Ça, je le sais, je l'ai aussi travaillé. Les abandons réels qui m'ont été infligés durant mes soixante ans d'existence ont toujours eu un point commun : celui ou celle qui m'a rejetée a subit l'influence d'une troisième personne. Il n'y a pas eu manipulation, mais perte de contrôle soit par la peur, l'attachement affectif ou l'intérêt.

Depuis que j'ai parlé de Roxane avec Théo, j'ai bien compris ce qu'il m'a expliqué, mais je l'ai senti hésitant, inquiet. Ça a peut-être été suffisant pour réveiller mes vieilles peurs... J'ai pu retravailler ça ce soir. Redistribuer les rôles pour actualiser l'abandon de la petite fille. Tous ces fils tissés à travers le temps et l'espace font qu'un être humain est ce qu'il est. Ce tissage est prodigieux. Quelle patience, quelle délicatesse il faut, pour les détacher un à un sans tout emmêler...

Ce « drame » vécu aujourd'hui me donne envie de rire ce soir. Non pas pour m'en moquer, mais avec attendrissement. Tout est relatif. Cela n'avait pas plus ou tout autant d'importance que la tarte aux poires.

Vendredi, 7 août

Ce soir en commençant la séance, je suis bien. Je me sens légère. J'ai apporté le récit d'un rêve retranscrit sur une feuille pour en parler avec Théo. Cela va être une séance relax, de transition.

J'ai passé une bonne journée. Nous avons ri avec Roxane comme deux collégiennes en vacances. Je suis allée à St Hippolyte, un petit village voisin. J'ai rencontré des gens vivants, j'ai cueilli des fleurs sur le bord de la route et j'ai fait des bouquets en pensant aux amis qui doivent venir dimanche.

Et puis j'ai écrit. J'aime écrire. Je suis toujours étonnée des mots qui viennent sous mon stylo. Ça part toujours de choses simples et les mots font comme les cailloux qu'on jette dans une eau calme. Ça fait des ondes qui s'élargissent et se multiplient et qui ne s'arrêtent que parce que le plan d'eau a des limites. Cet après midi j'ai écrit sur la manière de faire la soupe au pistou : « Pour faire cette soupe, il faut trois sortes de haricots... » C'était parti... Puis j'ai parlé du récipient, des proportions, des couleurs, des parfums, de la manière de la servir, de la partager... Quand j'ai relu c'était bien la recette de la soupe au pistou dans toute sa simplicité, mais il y avait en écho des accents de sagesse universelle.

Ça m'émerveille et ça m'inquiète à la fois. Je ne sais pas d'où ça vient. C'est souvent beau, mais quand c'est écrit, je déchire.

Je viens de retrouver dans ma poche les morceaux de la recette déchirée avant d'aller à St Hippolyte. Je les montre en riant à Théo. Il me demande pourquoi je fais ça. Il connaît mon travers et me le reproche en disant que ça pourrait servir à d'autres.

Si j'avais un accident je n'aimerais pas qu'on retrouve ce que j'ai écrit. C'est comme si je laissais traîner une confidence reçue, comme si je dévoilais quelque chose d'intime, d'interdit. Et j'ajoute « Ça doit être encore plus profond... »

Théo repose la feuille de mon rêve et propose : « Tu veux y aller voir ?»

J'hésite un court instant. Aller voir quoi et où ? Mais je réponds « OK.»

Toujours les mêmes indications : la respiration

consciente, profonde, y rester branchée et laisser aller. Je rentre dans ce travail un peu comme dans un jeu. Peut-être parce que j'ai un peu peur. Je contrôle ma respiration pour ne pas me perdre et tout de suite je vois une grande tache rouge qui change de forme, de taille. Puis des panneaux de bois, genre panneaux d'affichage de campagne électorale. Les affiches sont arrachées. La tache rouge se superpose : c'est du sang.

Je reste là un bon moment, décontenancée. Je ne vois pas le rapport avec ce que je suis censée découvrir.

Théo insiste sur ma présence à la respiration et me dit s'essayer de descendre plus bas.

Je respire plus amplement. Il y a toujours ces panneaux et du sang, du sang qui coule. J'expire doucement comme lorsque on veut se laisser couler au fond de l'eau et je descends lentement dans un conduit qui ressemble à une cage d'ascenseur et qui débouche directement dans une pièce, petite, nue comme une cellule. Il y a du sang partout...

Au centre, il y a une jeune femme que je vois de dos. Elle est petite, mince, le haut du corps dénudé, couvert de traces sanglantes de fouet. Je ne vois que leur impact à mesure qu'ils sont donnés. La femme se tient droite sous les coups. Ses bras sont levés à la hauteur de son visage qu'elle protège de ses avant-bras croisés. Ses cheveux sont longs et descendent jusqu'au bas des omoplates. Ils sont roux et en désordre, collés par la sueur et le sang.

Je ressens physiquement les coups qu'elle reçoit. Je ne la vois plus, je suis « elle ». On m'écarte les bras et on tire dessus. Je suis fouettée au visage, sur la poitrine, sur les côtes. Je ne vois pas qui me frappe. Je ne vois que du sang, comme si mes yeux en étaient remplis, étaient crevés.

Parallèlement, je sais où je suis réellement. Je suis dans la maison de Théo. J'ai les yeux fermés, mais je sais qu'à ma gauche il y a une table à repasser, je sais où est la porte, où est Théo, et qu'à portée de ma main droite, il y a un gros coussin bleu.

Je suis là et en même temps dans la cellule. C'est étonnant comme expérience. Je constate aussi que les coups que je reçois et qui sont d'une grande violence, sont presque supportables.

Théo me demande qui je suis. Peut-être une sorcière, mais je n'en suis pas sûre. Quelle époque ? Il y a longtemps. Il y a des hommes en armure.

Brusquement, changement total de décor. C'est une pièce très claire, assez grande mais séparée par des sortes d'enclaves délimitées par de fins piliers qui se rejoignent en ogives. Cette pièce fait partie d'un ensemble que j'entrevois dans la perspective.

Il y a des femmes, sept ou huit, occupées à un travail. Elles sont vêtues de blanc et elles chantent. Je ne les ai pas dérangées dans leur occupation. J'ai fait irruption dans la pièce comme si j'avais sauté par la fenêtre qui est ouverte à demi. Je suis contre cette fenêtre et je regarde la scène.

Les femmes ne semblent pas me voir. Je porte le même habit qu'elles : une robe longue de fin lainage blanc, un voile de toile légère sur la tête. Je ressens une impression d'ordre, de beauté, de clarté, de rigueur et de paix.

La pièce est haute. L'ensemble semble nouvellement construit. Les rayons du soleil passant à travers le vitrail des fenêtres font jouer des taches de couleur sur les robes des femmes. Chaque femme est dans un espace de travail. Certaines sont debout devant un pupitre comme si elles déchiffraient la musique de leur chant. D'autres sont assises devant une table, la tête penchée bas sur leur ouvrage. Il y a des godets, des pinceaux, des outils fins et pointus, des spatules étroites.

Ces femmes sont jeunes, minces et semblent de constitution fragile, mais ce sont des femmes fortes. Elles sont intelligentes, cultivées, lettrées. Elles évoluent avec des gestes gracieux. Elles chantent. Elles ont l'habitude de chanter ensemble. Leur voix doit être bien charpentée, mais elles n'en donnent qu'une petite partie de la puissance, un peu comme chantent les religieuses. Ce ne sont pas des religieuses. Ce sont des femmes de la bonne société qui ont choisi de travailler et peut-être de vivre ensemble.

Je donne ces précisions à Théo à mesure qu'il me pose des questions. L'époque ? le début du gothique.

A un moment, j'ai une hésitation parce que je suis consciente que ce que je vois là, n'est pas la réalité d'aujourd'hui et que je suis en train de chercher pourquoi je déchire ce que j'écris. Je dis tout haut : « C'est pas possible, je délire. » Je viens de voir ce que font ces femmes : elles écrivent des textes sur des parchemins. Certaines font de l'enluminure. Je me demande si je ne suis pas en train d'inventer cette histoire... La précision des détails est troublante : le plomb du vitrail est brillant, pas encore oxydé. La pièce est ronde. Elle doit se trouver dans une tourelle. Si je tourne la tête vers l'extérieur, je vois des jardins, des arbres. Je les vois d'assez haut, peut-être d'un étage. La position du soleil indique que c'est la fin de la matinée.

Répondant toujours aux questions de Théo, je précise : ces femmes écrivent des textes interdits qu'elles introduisent dans d'autres textes. Ce ne sont pas des textes religieux. Une des femmes a une autorité morale sur les autres, mais toutes croient à ce qu'elles écrivent. Ces textes dénoncent le pouvoir d'un seul homme. Ils insistent sur la liberté pour chaque homme de croire et pouvoir s'exprimer. Le but n'est pas de renverser un seigneur ou une autorité, mais d'ouvrir les consciences. Il ne s'agit pas d'Église. C'est plus large. Cela touche à l'être humain dans sa totalité, à l'humanité dans son ensemble, sans distinction de classe ou de race.

C'est subversif et révolutionnaire. Le travail de copie vient d'Allemagne. C'est un moine qui les apporte. Il est habillé de bure, les pieds nus dans des sandales. Il a une allure bon enfant, un peu rondouillard ; c'est une caricature de moine. Je ne crois pas qu'il soit vrai. Les écrits sont cachés au milieu d'autres choses, des provisions peut-être, acheminées par des ânes bâtés. Je sens qu'il y a une relation entre la maison des dames et la cellule où j'étais tout à l'heure, mais je n'arrive pas à relier. J'aime cette maison, j'y suis bien. Je suis la plus jeune, un peu espiègle. J'ai peur. Il y a des hommes dehors, des gens d'armes. Ils vont entrer.

Je sais aussi que je suis dans la maison de Théo.

J'entends sa voix qui pose des questions. Je suis fatiguée. J'ai envie que ça se termine, mais je sais qu'il faut que j'aille au bout de l'expérience. Je fixe mon attention sur ma respiration. Il y a comme une acceptation de la suite de ce voyage, comme un au revoir à la maison des Dames...

Je suis entre deux hommes armés, légèrement devant eux, à un demi-pas. Nous sommes dans un couloir sombre. J'ai peur, mais je les nargue par mon calme apparent. J'avance, bien droite. Je n'ai plus de voile et je suis pieds nus. Au fond du couloir une porte en fer. Brutalement les hommes arrachent ma robe et me laissent en chemise. La porte est ouverte et je suis jetée dans une cellule. Il y a du sang...

C'est la fin du voyage.

A la question de Théo, je réponds que je n'ai pas été violée et que je ne suis pas morte.

Pendant que la voix de Théo m'accompagne sur le chemin du retour, apparaît une dernière image, comme la fin d'un film ou d'une bande dessinée : une très vieille femme aveugle, assise sur un banc, dans un jardin. Je ne sais pas pourquoi, mais je crois qu'elle a un « foutu caractère ». Elle sourit, comme si elle venait d'assister à toute cette histoire, avec le recul des ans...

Lundi, 10 août

Théo m'a demandé de relater ces deux expériences vécues la semaine dernière. Je l'ai fait immédiatement, afin que le récit soit le plus fidèle possible. Je me suis attachée à respecter l'ordre dans lequel les choses sont venues avec tous les détails, même quand ils m'ont

> semblé insolites.
>
> La dernière séance de travail n'a pas été relax et on n'a pas discuté de mon rêve comme je l'avais prévu. J'ai appris à accueillir ce qui se présente, ce qui est là. C'est comme dans la vie, rien ne vient jamais par hasard.

En reprenant aujourd'hui, trente ans après, les notes d'Amélie, Théo profite de l'occasion pour clarifier ce qui pourrait faire l'objet d'une méprise de la part de certains.

Les quelques personnes qui ont eu l'occasion d'être en contact avec des épisodes de vies passées au cours de leur travail thérapeutique, l'ont fait « spontanément » à partir de sensations, d'émotions, d'associations mentales du présent. Il s'agissait en quelque sorte d'un accouchement naturel de ce qui se présentait, sans jamais avoir recours au forceps ! Ceci afin de respecter les défenses psychologiques et d'écarter la rencontre avec des situations suffisamment traumatisantes pour être inassimilables. Ce qui n'aurait fait qu'aggraver leur mal être. En pratique, il semble qu'il y ait une certaine sagesse du corps, pour ne laisser venir à la surface, que ce qui peut être affronté. Cependant, la capacité d'assimilation de chacun est variable et doit être absolument respectée. Et c'est justement le travail effectué pour apprivoiser et intégrer les différentes facettes (anciennes ou actuelles) de notre personnalité rencontrées en nous-mêmes, qui va nous permettre de mieux intégrer et respecter les apparentes différences des autres. Les retrouvailles se sont faites avec des personnages humains, « trop humains ». Ni avec Cléopâtre ou Napoléon, comme l'aime à raconter une certaine littérature !

Lors de sa vie de béguine, Amélie se forge un mental capable d'affronter le droit du plus fort. En développant son intellect, sa raison, au service d'un idéal de justice et d'égalité entre les hommes En affirmant son autonomie par rapport aux dogmes et croyances religieuses de son temps, par rapport à la domination sociale masculine qui laisse les femmes sans instruction, par rapport au pouvoir d'un seul qui empêche l'expression de la diversité des opinions.

Elle va pouvoir réutiliser ces acquisitions dans sa vie actuelle, lorsque, encore adolescente, elle a voulu briser le déterminisme social qui la destinait à être ouvrière d'usine, en osant postuler à une formation de couturière, puis d'enseignante. Sans en avoir les moyens financiers, ni le soutien de sa famille. Grâce à la complicité de Sœur Supérieure. Elle va y trouver son indépendance financière et intellectuelle.

Par la suite, elle convaincra le juge des tutelles de lui confier la gestion des ressources d'autres personnes ayant besoin de protection. Elle militera et participera à la création du statut de délégué à la tutelle.

La petite béguine avait bien avancé pour ne plus subir la fatalité, mais continuer à être au service des autres !

Lundi, 14 septembre

Ce soir, je suis sur la défensive et je préviens Théo : Je ne veux plus travailler comme le mois dernier. Je ne veux plus aller voyager dans le temps, je ne veux plus « y aller voir ». Je veux garder le contrôle.

Le contrôle, je l'ai perdu cet après midi, apparemment sans raison. Je devais préparer la présentation d'un livre que j'aime. Je le connais bien. C'est un livre simple, une histoire simple. Pourtant je n'ai pas pu. Je n'ai pas su trouver les mots pour traduire l'émotion que j'avais ressentie en lisant ce livre. Je me suis entêtée.

Avant de renoncer, j'ai proposé à Théo de lui lire quelques passages de ce livre. Il travaillait à sa cheminée. Je n'ai même pas su lire. Je bafouillais. Une grosse boule s'était coincée dans ma gorge. Théo a été bien poli, mais manifestement mon histoire ne l'intéressait pas. Je suis partie en courant dans un coin du petit bois où je me sens bien. Là j'ai pleuré avec de gros sanglots comme une toute petite fille et j'ai vomi.

Quand je suis rentrée à la maison, Théo était sur la terrasse. Je suis passée rapidement devant lui, en tapant du talon, la tête tendue en avant comme une bête blessée qui attaque. Je crois que s'il m'avait arrêtée, j'aurai été capable de le frapper. J'étais complètement submergée par quelque chose qui était en même temps de la colère, de la peur et du chagrin.

Quelques heures après, je n'ai pas encore digéré la démesure de ma réaction. Il faut que je me reprenne en main. C'est pour ça que j'explique à Théo que je n'ai pas envie de repartir dans les histoires à dormir debout du mois dernier. Peut-être que je les ai inventées...

Je propose de voir tout de suite ce qu'il s'est passé cet après midi. Il doit bien y avoir une explication rationnelle. Pour un peu, j'exposerai la situation sous la forme d'une équation mathématique. Les sciences exactes, c'est parfois rassurant...

Je ferme les yeux pour me centrer sur le problème et je vois... un bateau à voile, une felouque, au milieu d'un large fleuve, peut-être un estuaire. C'est le soir, il y a de la brume. Le bateau est à plusieurs centaines de mètres du rivage. Il avance très lentement, la voile est molle.

Qu'est-ce que c'est encore que ça ? Je n'ai pas plus envie de m'embarquer sur cette felouque que sur un tapis volant. Je chasse l'image et j'ouvre les yeux.

Théo a l'air d'être ailleurs. Il me dit pourtant d'une voix ferme : « Respire. » Je referme les yeux. Le bateau n'est plus là. Il n'y a plus rien, c'est le noir. J'attends. Théo insiste : « Respire. » Il se passe un long moment dans ce vide. J'ai envie de dire « On s'arrête », mais je ne peux pas parler. Mon corps est devenu très lourd. Je suis assise en tailleur. Tout autour de cette forme, un espace clair et poreux à travers lequel je respire légèrement. Je ne sais pas combien de temps je suis restée comme ça. Le retour a été laborieux. J'ai froid.

Mardi, 15 septembre

Ma colère est tombée. Je me sens piteuse après l'expérience d'hier. J'ai l'impression désagréable que mon caprice m'a fait dépenser beaucoup d'énergie inutile, ainsi qu'à Théo. Me reste l'inquiétude. Je croyais que, depuis le temps, je connaissais bien le travail que nous faisons ensemble. J'étais habituée à rentrer dans les diverses formes qu'il peut prendre. Je sais maintenant qu'il y en a encore d'autres et que ça ne sert à rien de les refuser.

J'écoute les conseils de Théo. Je veille à ma respiration

et je ferme les yeux...

Le bateau est là. On dirait qu'il m'attendait depuis la veille. La voile est gonflée et il s'éloigne rapidement comme si mon accord lui permettait de poursuivre son voyage.

Je suis tendue, inquiète. Qu'est-ce qu'il va encore se passer ? Théo m'encourage : « Centre-toi, respire, laisse aller. »

Un cordage enroulé sur lui-même, quelques mètres carrés de plancher qui tangue... C'est le pont d'un bateau... Et puis des pavés inégaux qui recouvrent une grande place, complètement vide. Je vois ces pavés comme si j'étais couchée par terre, au ras du sol. De là, la place paraît immense, sans limites...

J'ai dû me relever parce que, maintenant, je vois l'ensemble : la place, les bateaux, c'est un port. Un homme, petit et maigre, est sur le quai. Il vient de débarquer. Il n'y a personne d'autre que lui, ni sur le quai, ni sur les bateaux. Je ne vois pas les détails de ses vêtements, tout est gris. Il porte un sac sur le dos. Un sac ou peut-être un filet. Il s'avance en hésitant vers la place. Il s'arrête souvent et regarde de tous côtés. Il est étonné de ne voir personne. Je crois qu'il a peur. Sa solitude paraît encore plus lourde que son sac.

J'explique ce que je vois à Théo. C'est difficile parce que tout est flou comme dans un vieux film en noir et blanc. Dans la description du matelot, je dis à un moment, « Il est jeune, il est neuf. »

C'est moi maintenant qui marche, courbé sous le poids du sac. Il est vraiment très lourd. Je le pose et j'essaie d'appeler. Je me sens très seul. Au fond de la place, j'aperçois des maisons basses ; peut-être des magasins ou des tavernes. Elles sont disposées en un large arc de cercle, serrées les unes contre les autres, comme un rempart. Je ne vois personne, mais je reprends courage. J'appelle. A mesure que j'approche, toutes les portes se ferment. Je ne comprends pas. J'ai laissé mon sac. Je fais des gestes pour appeler. Je vais d'une porte à l'autre. Je suis épuisé. Des gens sont sûrement derrière des fenêtres. Ils m'épient. Pourquoi cette hostilité ? Je dois être contagieux. Je tombe à genoux et je supplie ces gens. Ils ont de gros bâtons. Ils se jettent sur moi et me frappent. Je me recroqueville sous les coups.

Ils m'ont battu à mort.

Théo demande quel est le sens de cette mort. Je ne sais pas pourquoi, je réponds « Il devait apprendre à être identifiable. »

Quelle époque ? Je ne sais pas. Il n'y a pas longtemps. Peut-être le début du XVIIIème siècle. Je ne peux pas préciser l'endroit, ça pourrait être Marseille ou un autre port de la Méditerranée.

Brusquement comme dans un décor de théâtre tout s'éclaire. Les portes se sont ouvertes, il y a des couleurs, des chants, des rires. La vie semble être revenue avec la mort du marin.

Théo demande, quel effet ça te fait d'être dans un corps d'homme ? Rien. C'était si peu un homme. C'était un adolescent sans consistance.

Je regarde ce qu'il reste de lui : un gros sac noir et, un peu plus loin, là où il est tombé, un petit tas de chiffons.

Il n'était même pas contagieux...

Théo m'aide à revenir. Je résiste. Il me demande s'il y a autre chose à voir.

Il y a la ville. C'est là où le matelot voulait aller. Il allait rejoindre une femme, la femme qu'il aimait. Il n'a pas vu le passage étroit qui lui permettait de passer. Il est tombé juste à côté. Maintenant que tout est éclairé, on voit bien le passage. C'est un enchevêtrement d'impasses, de ruelles. C'est un vrai labyrinthe en forme de spirale qui s'enroule autour d'une petite place, un peu surélevée. Sur cette place une maison plus grande que les autres, plus haute. On y accède par un large escalier extérieur. Au milieu de cet escalier, une jeune femme, jolie et aguichante. Elle n'est pas chez elle, c'est l'endroit où elle travaille, chez des maîtres. Elle porte une robe très colorée, qui lui dégage la cheville. La jupe est à rayures rouges et blanches. Ses épaules sont couvertes par un fichu brodé de couleurs vives. Elle chante. Son chant est un éclat de rire. Des gens sont là qui l'écoutent et l'admirent. Elle est cambrée une main sur sa hanche. Elle est sûre de son charme.

C'est elle que le marin venait rejoindre. Elle, elle a d'autres amours.

Voilà, l'histoire est finie, je peux revenir. Théo me dit de rester là pour récupérer. « Au moins dix minutes », précise- t-il. Il a l'air agacé, je suis fatiguée, ça me met de mauvaise humeur.

C'était encore une histoire à dormir debout. Qu'est-ce que cette felouque, ce matelot et cette soubrette d'opérette sont venus faire dans mon équation ?

Jeudi, 17 septembre

Aujourd'hui, Théo a travaillé à sa cheminée. Moi, je suis contente parce que j'ai enfin réussi à préparer quelque chose à propos du livre que je dois présenter. J'ai même trois versions possibles.

J'ai eu le temps de repenser à l'histoire du marin. Elle ne répond pas complètement à la réaction violente que j'ai eue lundi et qui a été à l'origine du travail que j'ai fait et que Théo m'a demandé de raconter.

Bien sûr, j'ai souvent dit, que la plus grande souffrance c'était l'incommunicabilité. Le marin en est mort. Mais je sais que je retrouverai mon gros chagrin de petite fille. C'était trop fort, ça doit cacher encore quelque chose. Je retrouverai aussi l'histoire du marin. Elle s'insérera dans d'autres découvertes. Je ne peux pas dire pourquoi, mais je le sais.

Ce soir, nous sommes seuls avec Théo pour le dîner. Nous bavardons. Il serait plus juste de dire que je bavarde ! Je raconte les relations étranges que j'ai avec des couples mariés. Les femmes sont jalouses, mais de moi, elles n'ont pas peur. Elles sont même contentes quand leur mari vient me voir. Je me demande : « Pourquoi est-ce que les femmes ne sont pas jalouses de moi ? »

Cette question, je la reprends au début de la séance de travail.

Je ne sais pas encore dans quel chemin, je me suis engagée. Mais j'ai déjà retrouvé le matelot qui était si peu un homme qu'il n'était pas identifiable. J'ai retrouvé la femme qu'il aimait. Il y a longtemps dans une cour

> d'école, c'était une petite fille qui dansait dans la ronde, une main sur la hanche. Je l'enviais car déjà elle était très femme...
>
> Je suis toujours émerveillée du travail que je fais avec Théo. C'est simple, tout s'imbrique. Il suffit de ne pas perdre le fil dans le labyrinthe.
>
> « Les histoires à dormir debout » me font moins peur. C'est seulement une manière différente d'aborder l'inconnue de mon équation.

Amélie au cours de ses réminiscences passe en revue ses difficultés à s'identifier de façon équilibrée à un sexe ou à un autre : cela va du très, presque trop, féminin, au pas assez masculin. Elle reste fascinée par la féminité généreuse de « l'amour » du matelot qui attire tous les regards, par la petite fille qui dans cette vie danse dans la cour de l'école, par l'élégance et la jeunesse de Roxane qui apparaît dans la maison de Théo. Dans cette vie les autres femmes n'ont pas l'air de voir en Amélie une femme, potentielle rivale. Le jeune marin est un adolescent qui peine encore à affirmer sa virilité et à affronter les brutes qui le battent. Il devait apprendre à être identifiable et à montrer ses muscles d'homme.

Il semble qu'Amélie se trouve à cette étape de son évolution intérieure où il lui faut expérimenter et assimiler les caractéristiques de l'un et l'autre sexe en alternant des vies d'homme et de femme.

Cela ne peut se réduire au sexe anatomique. C'est tout le monde affectif, intellectuel, social et culturel qui est concerné. Pour elle, être un homme ou une femme signifie pouvoir être aimée ou rejetée en tant que tel. C'est bien de l'apprentissage du niveau affectif qu'il s'agit. Le but va être d'intérioriser ces deux polarités et d'en avoir les ressources à sa disposition. Ce n'est plus la guerre des sexes, mais les atouts de l'un et de l'autre.

Ce travail pour Amélie était en cours et pas encore terminé. On peut supposer qu'il devait lui rester encore quelques vies avant d'aboutir à la grande crise qui la débarrassera définitivement de la perte du contrôle de sa vie émotionnelle. Après la crise, on contrôle, mais il reste encore 49% du chantier à terminer !

Savoir s'attacher de façon détachée

Dans l'exploration de ses vies précédentes, dans sa vie actuelle et ses séjours dans « la grande maison » de Théo, Amélie reproduit et répète une grille de lecture de la vie basée sur la souffrance de l'abandon, la peur du rejet, et la conquête de l'autonomie et de la liberté. Cette maison dans laquelle elle n'a pas de passé, peut représenter comme un écran blanc, vierge, sur lequel elle peut projeter ses souffrances antérieures. Au point de remettre en marche, avec un support objectif minimal, son scénario douloureux. Avec Roxane, dans le rôle de la vilaine maîtresse de maison et Théo, dans celui de la gentille servante. Ses séjours sont remplis par la peur de la survenue d'un événement extérieur qui va faire basculer la sécurité affective dans laquelle elle se trouvait : l'arrivée de Suzanne et Alex, celle de Roxane, font écho à celle des hommes d'armes de la béguine, à celle des lyncheurs du marin, à celle du valet qui vient chercher la petite fille. Sa difficulté à s'exprimer et formuler une présentation du livre qu'elle a aimé, résonne avec les appels vains du matelot (« il est mort de n'avoir pu communiquer »), avec la scène de « l'enlèvement » de la petite fille qui se déroule dans un total mutisme malgré le tragique de la situation, et avec le peu de participation de Théo à l'écoute du compte rendu de son livre.

Dans son évolution, Amélie aborde depuis quelques vies, la redoutable période où il nous faut apprendre le contrôle des émotions et un certain détachement affectif. Il ne s'agit bien sûr pas de nier la richesse de la vie affective, mais de rester aux commandes de notre vie. Sans se laisser dominer et entraîner par les peurs, les haines et les passions.

L'outil de ce contrôle est principalement le mental. C'est-à-dire la capacité de percevoir et analyser les situations en termes intellectuels. D'en avoir une représentation intériorisée et distanciée, avant l'expression des émotions ou le passage à l'action. Gérer par la pensée, la raison, les excès de la vie affective. C'est ce travail qu'a commencé Amélie lors de sa vie de béguine.

La conquête de cette autonomie est le fil conducteur qui guide alors nos vies. Pas à pas nous apprenons maintenant à calmer les tempêtes des peurs et des passions. Comment savoir stabiliser l'embarcation quand les vagues menacent de la faire chavirer. Ce travail de détachement du monde émotionnel subi se poursuit pas à pas, de vie en vie jusqu'à un nouveau grand point de crise, après lequel on est tout surpris de se retrouver presque indifférent à des situations qui, auparavant, nous précipitaient dans des déchirements et des abîmes de souffrance. On reste un peu interloqué par cet étonnant calme intérieur, où les bruits semblent amortis comme dans un paysage de neige, alors qu'on est confronté aux mêmes situations. Comme si cela ne nous concernait plus.

La vie affective maîtrisée va alors pouvoir devenir ce qui habille nos échanges, colore nos motivations, réjouit nos partages avec les autres. A partir d'un point d'observation intérieur stable et paisible.

Ce mental, si précieux pour savoir trier et gérer les excès affectifs, peut devenir à son tour un obstacle à cause de ses manies à analyser, classifier, contrôler, chercher sans fin des explications à toutes choses. Ce sont maintenant les pensées, les opinions qui partent encore dans tous les sens et continuent d'envahir la scène. L'étape suivante va consister à remettre de l'ordre et contrôler à son tour ce mental.

Voilà que s'est constituée maintenant une personnalité puissante, formée d'un physique, d'un affectif, d'un mental et qui, à son tour va passer au cours de l'évolution, sous le contrôle du cavalier intérieur. Ce cavalier a reçu au cours des âges, dans différentes civilisations des noms multiples : âme, Soi, Ange de la Présence, Vie... On dira que c'est notre identité spirituelle intérieure.

Interroger le monde

Apprendre à partir du quotidien

Peu à peu avec les années, s'était dégagé un noyau de personnes qui souhaitaient approfondir leurs interrogations sur le sens qu'ils voulaient donner à leur vie. Ce petit groupe se retrouvait pour une journée ou un week-end. Ils partageaient les tâches de la maison et les préoccupations actuelles de leur vie. Ce n'était pas un travail thérapeutique, mais un espace de réflexion. Chacun amenait un sujet qu'il souhaitait aborder avec les autres. L'éclairage et l'expérience du groupe permettait de chercher et d'avancer ensemble. Ils avaient pris conscience au cours de l'exploration de leur « intérieur », que les difficultés du quotidien étaient non seulement des problèmes à résoudre, mais aussi des opportunités pour développer de nouvelles ressources dans des domaines très précis de leur vie : ils butaient souvent sur des situations répétitives. C'était le cas lorsque, dans leurs relations affectives, ils tombaient sur le même type de partenaire, ou quand, dans le travail les mêmes difficultés relationnelles revenaient, alors que le contexte était totalement différent. Il semblait qu'ils attireraient les mêmes situations difficiles, tandis que leur désir conscient se trouvait à l'opposé. Peut-être y avait-il là, quelque chose d'important à apprendre. Il fallait d'abord se transformer soi-même et éventuellement changer... de lunettes, avant de changer de partenaire, de boulot, d'appartement...

Un soir, Théo avait reçu un appel téléphonique de Xavier, qui avait déménagé dans la région. Il avait une nouvelle copine. Il s'interrogeait à propos de son travail de paysagiste qui le passionnait, mais qu'il ne savait pas mettre en valeur auprès de ses clients. Malgré la grande qualité de ses compétences et l'originalité de ses rapports avec la nature.

De loin en loin, il avait suivi l'évolution des centres d'intérêts de Théo. Il posait des questions, se montrait curieux d'en savoir davantage. Nombre d'années avaient passé depuis leur séjour commun à la ferme. Il voulait le rencontrer pour voir s'il était possible d'entreprendre un travail psychologique en profondeur avec lui, car il sentait qu'il trimbalait encore de lourdes valises.

Les retrouvailles avaient été chaleureuses et ils avaient immédiatement renoué avec cette proximité intérieure, comme avec un ami quitté la veille. Probablement une amitié de très longue date, se dit Théo en lui-même.

Théo avait bientôt pensé à lui pour rejoindre également le petit groupe d'approfondissement. Ils avaient déjà partagé suffisamment de questionnements autrefois, pour que tout naturellement, cela puisse déboucher sur un enrichissement mutuel.

Pour dynamiser ces rencontres en comité réduit, les huit s'étaient mis d'accord pour venir parler d'un livre qui les avait marqués à une époque de leur vie. C'était aussi l'occasion de se présenter eux-mêmes et de faire davantage connaissance, car tous n'avaient pas eu l'occasion d'avoir déjà travaillé ensemble. Parmi eux, Suzanne et Alex, de même qu'Elsa et Théo étaient en couple.

ଛ

Cyril, était un garçon de 25 ans qui avait rejoint le groupe récemment, et semblait porteur d'un potentiel de questionnements intéressant. Il avait été impressionné par le personnage de Larrey, dont la biographie « Le baron Larrey, chirurgien de Napoléon », écrite par André Soubiran, lui avait été prêtée par un de ses profs.

— J'y ai trouvé plein de choses qui font écho en moi. C'est un précurseur de Dunant, le fondateur de la Croix Rouge. Il a été un des premiers à soigner sur les champs de bataille les blessés des deux camps. Il faisait passer l'humanité des personnes avant leur identité nationale. Il tenait tête à Napoléon pour défendre des soldats injustement condamnés pour mutilations volontaires. Toute sa vie, il s'est battu contre le monstre déshumanisant de l'Administration. Il a su rester intègre et loyal, dans un milieu pourri. C'est pour moi un exemple de mise en pratique de ses convictions humanistes dans les circonstances effroyables de la guerre : il lui est arrivé de pratiquer plus de soixante amputations en une journée, à la lueur d'une torche fumante ! A cette époque sans anesthésiques, le meilleur antidouleur, était la dextérité et la rapidité du chirurgien : Larrey pouvait amputer un bras au niveau de l'épaule en quinze secondes, en respectant les meilleures conditions anatomiques de cicatrisation ! Et, malgré les obstacles et les jalousies, il a persisté sur le chemin de ses valeurs. Il est resté « la Providence des soldats », qui était le surnom qu'ils lui avaient donné. Il m'a montré comment rester fidèle à soi-même contre vents et marées. J'ai grandi en banlieue et je bataille, depuis longtemps, avec mon boulot d'éducateur, pour faire respecter et cohabiter les différences raciales, sexuelles, religieuses.

☙

Xavier avait eu une révélation en lisant « Les jardins de Findhorn ». C'était le récit de l'aventure d'un couple et d'une amie dans le nord de l'Écosse au cours des années soixante. Ils s'étaient installés dans deux caravanes, au milieu de dunes de sable battues par les vents, se laissant guider intérieurement à partir d'un autre niveau de conscience. L'amie canadienne, douée d'une sensibilité particulière, avait réussi à établir un contact intérieur avec des esprits de la nature et des « dévas », ces êtres invisibles qui, sur un plan subtil, veillent à l'harmonie et la croissance des éléments de la nature. Ils les guidaient pour leurs plantations dans une terre ingrate et stérile. Avec des principes de culture biologique, attentifs aux besoins des plantes considérées comme des êtres vivants, ils avaient mis en place une collaboration respectueuse avec leur environnement naturel. Celui-ci leur avait répondu en produisant des légumes d'une qualité et d'une taille exceptionnelle. Ce phénomène avait attiré une foule de curieux étonnés. Peu à peu, ils expérimentaient avec des volontaires, un nouveau type de relations humaines en groupe, fondé sur le respect des lois intérieures de la Vie. Depuis le début de l'expérience, des milliers de personnes sont passées par là et continuent l'exploration.

— Ce que j'ai découvert par ce livre répondait à mon besoin de sortir de la folie compétitive qui voulait exploiter et dominer la nature pour satisfaire un usage infantile et égoïste de ses ressources. C'était le contraire de ce qu'on m'avait appris pour mon CAP. Ça a changé ma façon de voir le monde et de pratiquer mon métier de jardinier-paysagiste. Je me suis senti faire partie d'un plus grand tout. Les fruits et les légumes que nous mangeons, apportent dans notre corps, la lumière d'un unique soleil.

☙

Céline, une jeune femme de 35 ans, avait trouvé une source de remise en question à la lecture du « Temps du changement » de Fritjof Capra.

— Ça m'a permis de sortir de ma préoccupation immédiate de faire du chiffre comme commerciale et de comprendre qu'en réalité, on était en train de changer d'ère. Que tous les vieux repères et les dogmes concernant la finance, la santé, la psychologie, la réalité physique sont à remettre en question. On rentre dans un monde global et interdépendant. Comme les cellules de notre corps, il semble que ce soit un organisme auto-organisé qui fonctionne par d'incessantes destructions, adaptations et créations. Mais est-ce que les hommes vont être capables à temps de changer de modèle de société, sans y être obligés par un monde devenu invivable ? J'ai été sensible à la nécessité à l'avenir de laisser s'exprimer les valeurs dites féminines dans un monde dominé depuis toujours par le masculin, les rapports de force, la compétition, et, intellectuellement, par le primat du rationnel. Il y a une relation naturelle entre féminisme et écologie. Elle est basée sur la conscience de l'unité de toutes les formes de vie et les rythmes cycliques de naissance et de mort. Les hommes suppriment d'un coup de fusil en un instant, un être vivant que les femmes ont mis vingt ans à aimer et à construire. Je crois que l'accession des femmes à des postes de responsabilité pourra entraîner dans la société une autre perception de la nature humaine et une plus libre expression des minorités.

☙

Théo souhaitait quant à lui, présenter un livre rencontré longtemps auparavant, « Les Travaux d'Hercule » d'Alice Bailey.

— Ce n'est pas très facile d'accès parce que ce sont des histoires symboliques, mais ça répondait à mon besoin de trouver un sens profond à la vie, qui ne soit pas lié aux religions officielles, devenues sclérosées à mes yeux. Et en même temps, y était formulée l'exigence d'une transformation de soi qui permet de partager l'effort humain pour avancer et préparer le monde qui vient. Hercule représente l'être humain. Et ses travaux sont les épreuves que nous devons affronter au cours de notre évolution de vie en vie, à partir du moment où l'on prend conscience que notre vie va dépendre de nous. Nous devenons le pilote. Ces douze étapes symbolisées par les signes astrologiques, retracent les transformations intérieures que nous sommes amenées à faire, avant de laisser peu à peu la Vie prendre les commandes. Au programme, il y a trois domaines à maîtriser : l'inertie des habitudes, l'esclavage des désirs et l'aveuglement des opinions. Les cinq premières étapes servent d'abord à apprendre à se connaître soi-même. La prise de conscience de ce qui se passe à l'intérieur de soi, va permettre de changer notre perception de la vie. Ce ne sont plus des événements extérieurs qui nous arrivent, mais nous commençons à comprendre la part de responsabilité qui est la nôtre dans ce qu'il advient de nous. Il nous faut apprendre à nous servir du mental. Puis comprendre la nature du désir, la transmuer en aspiration, contrôler le sexe et utiliser de manière juste cette énergie du désir. Le travail suivant est de coordonner le physique, l'affectif et le mental et de les subordonner à la personnalité. Parallèlement l'instinct se transforme en intellect, puis l'intellect en intuition. Le dernier test de cette première phase, évalue notre capacité à faire preuve de courage et de démontrer que l'inférieur peut être subordonné au supérieur (tuer le lion de Némée de la personnalité unifiée). Après quoi commence la reconquête de ce qu'on s'était approprié d'abord pour notre propre usage, pour le mettre progressivement au service des autres. Puis il faut équilibrer les paires d'opposés au point de vue émotionnel, comme l'amour et la haine, le masculin et le féminin. L'étape suivante est de se libérer de l'illusion des apparences en cessant de s'y identifier. Enfin, il nous faut affronter l'Hydre de l'Herne, ce monstre à neuf têtes, qui figure toutes les illusions qui cachent la Réalité. Quand tout ça est profondément assimilé et exprimé dans la vie quotidienne, on acquiert une autonomie intérieure et une proximité avec les autres humains au service desquels il est possible de se consacrer.

ଔ

L'album qui avait touché Amélie, était un petit livre avec plein d'images, destiné plutôt aux enfants : l'histoire de Flon-Flon et Musette, d'Elzbieta.

Ce sont deux enfants lapins qui jouent de part et d'autre de la rivière, tantôt chez l'un, tantôt chez l'autre. Quand ils seront grands, ils se marieront ensemble. Mais un jour, en lisant son journal, le papa de Flon-Flon annonce que la guerre va arriver et qu'il doit partir. A la place du ruisseau, il y a maintenant une haie d'épines de barbelés et les enfants n'ont plus le droit de se voir : Musette est de l'autre coté du conflit ! Longtemps après, le papa revient, mutilé, de la guerre qui s'est provisoirement endormie. Alors Flon-Flon part marcher le long de la haie où il jouait avec Musette du temps d'avant la bataille. Il est surpris par la voix de Musette qui l'appelle et qui apparait soudain à coté de lui : elle a fait un petit trou dans la haie d'épines. Ils se sont enfin retrouvés.

— Tout ça me rappelle à la fois les difficultés de ma vie, les séparations, les abandons, la nécessité d'affronter ce qui me dépasse. C'est d'autant plus dur, quand c'est imposé aux enfants. Mais en même temps, ça dit la nécessité de trouver des solutions plus harmonieuses aux conflits, ma profonde confiance dans le meilleur de l'être humain et dans le fait que la haie de barbelés puisse se remettre à fleurir.

ଔ

L'histoire de l'astronomie est un sujet qui a toujours intéressé Alex. Pour lui, c'est une lente progression de la culture humaine vers la recherche d'une vérité qui s'échappe en permanence.

— Aujourd'hui, je voudrais vous présenter un personnage qui m'a beaucoup apporté. C'est Hubert Reeves. J'ai retenu de lui ses premiers livres, « Patience dans l'azur » et « L'heure de s'enivrer ». Il présente la formation du monde que nous connaissons à partir du Big Bang. Quelles sont parmi toutes les interrogations, celles qui m'ont le plus interpellé ? D'abord, il pose d'abord la question : « pourquoi y-a-t-il quelque chose plutôt que rien ? ». Qui devient, après Kepler : « pourquoi ce monde est-il en harmonie ? ». Kepler a passé de longues années à démontrer, sans succès, que la répartition des planètes autour du soleil était comme une gigantesque partition de musique. Puis, avec la progression de la connaissance, Reeves se demande si cette musique est du classique (tout est orchestré, prévu à l'avance) ou du jazz (avec une bonne part d'impro)... Ensuite, étrangement, toutes les données physiques utilisées au cours des 13 milliards d'années qui nous ont précédés ont été « calculées » pour que la vie puisse apparaître. Dès le début, la matière l'emporte sur l'antimatière, pourquoi ? Puis lors des premières nucléosynthèses, on aurait dû s'arrêter à la fabrication du fer ; un monde de fer, vous imaginez ? Et si la Terre était plus près du soleil, il ferait trop chaud, etc., etc. La liste est longue des « bons hasards »... Hasards, vraiment ? Enfin, l'homme n'est pas l'aboutissement (même si « par hasard » un gros bolide a tué les dinosaures pour que les mammifères prennent la relève). Quelle est la prochaine étape ? Si je vous parle de ces textes, c'est qu'ils m'ont connecté à des choses qui pour moi sont essentielles. Premièrement, la curiosité. J'ai toujours dit à mes élèves en début d'année : la plus belle des qualités est la curiosité. Être curieux, c'est, bien sûr, poser et se poser des questions, mais c'est aussi être ouvert à d'autres idées, d'autres références. Par exemple je ne crois pas, d'un point de vue scientifique, aux OVNIS. Et pourtant je suis très attentif lorsqu'on m'en parle, surtout si la personne dit en avoir vu. Pareil pour Dieu, Jésus, ou la réincarnation. Deuxièmement, faire le tour de la question, ne pas se fier aux apparences... Les choses sont établies, c'est la tradition, ça a toujours été comme ça... Et bien non. A-t-on vraiment exploré toutes les possibilités ? Par exemple on se réjouit de cette belle couleur verte que nous renvoie la nature. Mais, en fait, si je vois l'herbe verte, c'est qu'elle rejette cette couleur. Elle n'en veut pas ! Elle garde le rouge et le bleu. Le bleu, c'est pour la synthèse chlorophyllienne, et le rouge je n'en sais rien, mais il y a certainement une raison (si elle nous renvoyait le vert et le rouge, on la verrait jaune !). J'aimerais bien être champion dans cette catégorie, mais je pense que j'ai encore pas mal de boulot ! La prochaine vie ?

☙

Vient le tour de Suzanne.

— Je voudrais présenter « Du Sahara aux Cévennes » de Pierre Rabhi. Il s'agit d'un livre qui m'a révélé à moi-même. J'avais déjà eu l'opportunité de rencontrer Pierre Rabhi en Lozère. L'homme et son cheminement m'intéressait particulièrement : retour à la terre, profond respect des hommes, poète et philosophe déterminé dans sa quête, sa recherche d'un monde meilleur. Dans ce livre, j'ai découvert un homme écartelé entre deux cultures, celle de ses origines algériennes et musulmanes du Sahara et celle de ses parents adoptifs, française, bourgeoise et catholique. Il montre un bel exemple de détermination, malgré les embûches. Quoiqu'il en soit, il poursuit sa route, d'abord en se lançant avec sa femme dans l'agriculture biodynamique sur un plateau pauvre de l'Ardèche du sud, puis en partant en mission agricole en Afrique pour aider à l'auto suffisance alimentaire qui contribue à la dignité humaine. Et maintenant il intervient même à l'ONU. Ce livre a eu un écho très profond en moi, car cet homme, en racontant son cheminement m'a montré que vivre avec une fêlure était possible. Il me montrait le chemin des possibles, de la transformation. Il me confortait dans la notion de service. Et en plus dans un contexte d'agriculture bio.

ॐ

Elsa avait choisi de présenter « L'univers de la possibilité », coécrit par Ros et Ben Zander.

— C'est un livre à deux voix : elle est thérapeute familiale, et lui, chef d'orchestre. Cela se présente comme un recueil d'exercices visant à modifier notre façon d'interpréter les circonstances de nos vies, et à nous donner la possibilité de faire advenir un monde qui corresponde mieux à nos aspirations. Le premier exercice, au titre provocateur, proclame que « Tout est inventé », et que nous sommes libres de choisir l'histoire que nous nous racontons à propos de ce que nous vivons. Ce qui nous apparaît en premier lieu est le fruit d'une vision limitée par le cadre que nous posons inconsciemment sur la situation. Les exercices suivants sont des propositions pour renverser la perspective et faire apparaître l'abondance, la coopération et la créativité là où la pénurie, la concurrence et les obstacles semblaient s'imposer. Ils présentent une vision intéressante des rapports humains qui va souvent à l'encontre de ce qui se pratique habituellement, en particulier dans le domaine de la pédagogie et du leadership. Beaucoup d'exemples sont pris dans l'univers de l'orchestre et ça me parle. J'aime bien les exercices. Avec eux, on s'entraîne et on progresse, par petites touches, comme quand on fait des gammes sur un instrument. Je trouve ça stimulant. Ceux-là présentent la vie comme un lieu où contribuer : accepter l'état des choses et accueillir les sentiments que celui-ci provoque en nous, décider comment nous pouvons agir à partir de là, inviter les autres à participer avec nous en faisant confiance à leur capacité à le faire, à leur manière. Ça m'intéresse bien de prendre l'existence par ce bout-là, partir du principe que rien n'est figé, que des ressources insoupçonnées sont toujours en attente d'être découvertes, et qu'on peut créer les conditions pour les voir émerger.

La langue des signes de la vie

Tout naturellement, lors de ces premières rencontres de groupe qui réunissaient des gens soucieux d'évoluer, s'était posée la question de la façon dont on peut sortir de nos habitudes de fonctionnement : comment remuer notre inertie ? Qu'est-ce qui nous motive pour sortir de nos répétitions ?

Un des premiers pas à faire, était d'abord d'affiner notre sensibilité. Non pas la sensibilité émotionnelle qui fait battre notre cœur plus vite, mais brouille souvent notre vision de la réalité. Mais celle qui permet de comprendre qu'un événement en apparence banal et mineur est porteur d'informations importantes. Apprendre à déceler, les signes précurseurs de changements à venir et d'éventuelles souffrances en gestation.

Elsa, avait amené sur ce sujet, un beau passage de Saint Exupéry :

Il est dans le désert. Sur une dune de sable, il découvre deux libellules, alors que leur habitat naturel se trouve dans les palmeraies des oasis à des centaines de kilomètres. Si elles sont là, c'est qu'une tempête de sable est en marche, a dévasté les palmeraies et va bientôt empêcher tout avion de voler. « Ce qui me remplit d'une joie barbare, c'est d'avoir compris à demi-mot un langage secret, [...] en qui tout l'avenir s'annonce par de faibles rumeurs, c'est d'avoir lu cette colère du désert aux battements d'ailes d'une libellule. »[1]

Apprendre à voir, à entendre, écouter notre intuition, nécessite d'interroger le monde, plutôt que de le consommer. Non pas seulement constater « il y a des libellules », ne pas en tenir compte et continuer comme avant. Mais assimiler la proposition de changement que nous offre la vie. Tirer concrètement les conséquences des informations reçues. Ce qui permettrait d'amorcer une transformation en douceur, sans attendre qu'elle s'impose brutalement à nous. Car si cela fait pour nous partie des apprentissages pour lesquels nous nous sommes incarnés, la leçon se représentera jusqu'à ce qu'elle soit enregistrée. Quitte à nécessiter plusieurs vies. Encore faut-il en décoder le message.

Cela fait un écho chez Céline, qui désespère de trouver un jour l'homme de sa vie :

— Je fais une commande par téléphone d'un petit meuble que je cherchais depuis un moment. Mais la communication se coupe. Au lieu de rappeler tout de suite, je descends dans la rue faire des courses. Dans le magasin, une dame demande à la caissière, si elle peut mettre une petite annonce sur le comptoir, pour vendre des objets, car elle va déménager. Je lui demande ce qu'elle a à vendre. Il y a des choses qui pourraient m'intéresser.

---

[1] Antoine de Saint Exupéry – Terre des hommes – 1939 – Éditions Gallimard

Elle me propose de venir voir chez elle. Elle a exactement ce que je cherche, pas cher. La non-disponibilité du meuble, m'a finalement été bien utile. On pourrait dire que c'était un signe. Par ailleurs, dans mon contexte professionnel je suis face à des décisions à prendre, car mes partenaires semblent avoir d'autres priorités que les miennes. Je repense à la commande par téléphone et me dis qu'il serait peut-être mieux de ne pas faire de forcing. Plutôt prendre du recul et ouvrir mon champ de choix pour envisager d'autres directions. Pour essayer de discerner dans la situation présente, les options possibles que je n'ai pas envisagées. Et devenir disponible aux opportunités qui vont surgir. Il me faut écouter et ne pas m'imposer un choix qui n'est pas mûr. Et peut-être considérer la confusion des intérêts de ceux avec qui je travaille, comme un signe de remise en question de mes investissements. Je fais aussi l'association avec ce qui se passe dans mes rapports avec les hommes : quand apparaissent les signes qui montrent que la relation va foirer ? Là c'est plus compliqué. Car manifestement les signes sont là, mais je ne veux pas les voir ! Ou plutôt je les vois quelques fois, mais je sais que ça va me demander une prise de risque, si je me sépare du mec. Je vais perdre ma sécurité affective ! C'est une sécurité illusoire, certainement. Mais les illusions, ça rassure quand même… et ça tient compagnie. Le risque c'est la solitude. Le brouillage vient de ma dépendance affective. Dans quelques vies, peut-être je pourrais percevoir les signes qui préfigurent un naufrage... avant de commencer !

Théo suggère un outil de décodage :

— Ça pourrait illustrer cette période difficile où il faut petit à petit construire sa sécurité à l'intérieur de soi pour être de moins en moins dépendant de ce qu'on ne peut pas contrôler. Mais il y a un temps pour tout. Plutôt qu'une analyse rationnelle ou affective, c'est la conscience de sa résonance en nous qui transforme un mini événement en signe. Le travail d'affinement de nos perceptions vise, justement, à transformer en signe les informations qui nous parviennent dans notre vie quotidienne. Pour accompagner volontairement les changements qui sont la condition de notre évolution. Tout peut faire signe à un esprit attentif. C'est nous qui faisons le lien, dans notre conscience entre le signe et ce que nous avons à résoudre, à apprendre. Le sens n'est pas donné de l'extérieur, mais c'est en nous qu'il jaillit.

Suzanne rattacherait volontiers aux signes, le fait que souvent, on se pose intérieurement une question ou bien on cherche quelque chose et on trouve la réponse de façon inattendue. Par exemple, on ouvre un bouquin au hasard et l'information recherchée tombe pile. Ou bien quelqu'un perdu de vue refait surface au moment opportun. On pourrait croire qu'il y a eu un transfert subtil d'information. Comme s'il y avait tout un réseau de communication souterrain, présent, mais que l'on néglige la plupart du temps.

— Est-ce qu'on n'est pas en train de parler de l'accroissement de notre sensibilité au cours de nos vies successives, propose Alex ? On dirait que l'évolution nous amène petit à petit à élargir le champ de nos perceptions. Les informations sont là, mais on ne les voit pas. Parce que nous n'avons pas appris à les voir.

— On pourrait peut-être dire que les signes dans notre vie sont comme les calculs mathématiques : ils ont permis de pressentir l'existence de la planète Neptune, avant qu'on en fasse l'observation visuelle directe. Il nous faut développer ces instruments, ces aptitudes qui sont latentes en nous. Reconnaître des coïncidences significatives dans les événements de notre vie. Mais surtout essayer d'être attentifs à ce qui paraît banal pour le transformer en interrogation.

— Les êtres humains sont tous différents, tout le monde n'a pas les mêmes perceptions, poursuit Cyril. C'est peut-être parce que certains se sont mis en chemin depuis plus longtemps que les autres. Nous allons tous vers le même but, mais nous n'avons pas le même âge intérieur. On pourrait voir là, le lent cheminement de l'humanité qui avance vers davantage de conscience.

Théo suggère de mettre ça en perspective.

— Est-ce qu'on ne pourrait pas dégager trois étapes :

D'abord, les signes : Il y a quelque chose à changer dans ma vie.

Ensuite, comprendre. Qu'est-ce qu'il faut changer par rapport au passé ? Pourquoi dans ce domaine je ne peux pas continuer comme avant ? Il y a quelque chose qui est en train de se terminer.

Et puis, comment changer ? Qu'est-ce que je dois changer en moi pour préparer l'avenir. Quelle qualité ou compétence nouvelle, je dois développer à partir de ce qui est fini ou devrait l'être ?

Un monde intérieur

Elsa fait remarquer qu'il y a pour elle une notion importante qui peut nous aider à avancer, c'est celle du monde intérieur.

— J'ai l'impression qu'il y a tout un travail à faire pour rapatrier à l'intérieur de nous les correspondances de ce que nous percevons par nos sens à l'extérieur pour les transformer en réalités intérieures. Xavier y avait fait allusion, quand il nous avait raconté comment il avait décroché de la dope, grâce à sa copine d'alors, qui pratiquait la méditation.

— Oui, confirme Xavier, j'ai découvert à l'époque, que je vivais jusque là dans un univers très rétréci, limité. Un peu comme si, venant de l'extérieur, on rentre de nuit dans une pièce pas éclairée. On ne sait pas bien où on se trouve. Après plusieurs minutes, nos yeux se sont adaptés à l'obscurité, et les objets et les contours de la pièce commencent à apparaître. Tout un monde était là, à l'intérieur de moi, mais je n'en étais pas conscient ! C'était aussi important, pour moi, de comprendre que le monde intérieur n'a pas forcément de rapport avec être assis sur son derrière, les yeux fermés ! J'ai besoin de sentir, d'expérimenter avec mon corps, pour me rendre compte que je suis touché par exemple par la beauté, la force de la vitalité de fleurs d'artichauts qui éveillent en moi un apaisement que je peux progressivement provoquer, sans la présence physique des artichauts. Quand on a pris conscience de l'existence de cet état de tranquillité à l'intérieur de nous, ça peut devenir une réalité disponible si on se branche dessus. On peut transporter, dans l'autre sens, la richesse de notre monde intérieur à l'extérieur dans la vie de tous les jours. Mais c'est une deuxième étape.

— Il me semble justement, propose Céline, que le monde intérieur ça peut être les résonances que les événements de la vie provoquent en nous. Le monde des apparences, c'est peut-être bien le monde extérieur, ce qui se voit. Si je veux une nouvelle voiture, un nouveau mec, c'est extérieur. Si je suis confrontée à des problèmes, ça n'est pas de changer la voiture ou le mec qui sera la solution, mais remettre en question mes motivations. Et ça, c'est intérieur.

— Pour essayer de trouver un sens aux choses, ajoute Cyril, puisque Xavier a parlé de méditation, je crois que ça peut être utile de dire que la vie intérieure peut être spirituelle sans être religieuse. Donner une dimension intérieure à tous les événements du quotidien fait partie de ce qui m'aide à percevoir ce qui est commun à toutes les choses derrière les apparences.

— Tu m'aides à formuler quelque chose d'important à mes yeux, intervient Elsa. Pouvoir rassembler en soi tout ce qui, à l'extérieur, est séparé : moi, les autres, les événements, les choses. Dans ma vie intérieure, je peux contacter un lieu calme, où tout cela est relié, où tout cela a un sens, même si ce sens m'échappe. Je peux confier à « moi dans ce lieu » le soin de me guider pour comprendre, agir, et exister dans ma vie extérieure d'une manière plus « juste » (comme une note de musique est juste).

— On peut appeler ça le développement de la conscience, dit Théo ! Et c'est en effet, une étape importante de passer d'une vie dirigée inconsciemment par les circonstances extérieures, à une vie où, à partir de l'intérieur de nous-mêmes, nous essayons de nous servir de notre environnement pour gagner en liberté et en autonomie. Il y a quelque chose qui me semble fondamental, dans l'image qu'utilise Xavier, à propos de la pièce sombre qui petit à petit révèle son contenu. On peut dire que c'est l'illustration du processus de l'Évolution. La progression allant d'une zone faiblement éclairée de ce que nous considérons comme la réalité, vers la révélation, au fur et à mesure où nous disposons d'une conscience qui éclaire plus de choses, d'un univers de plus en plus vaste. Et dont une des caractéristiques est l'unité de toute chose. Il s'agit de la même réalité. Comme si le fait de percevoir en même temps le grossier et le subtil, montrait les liens qui les unissent. Il y a une trame qui relie l'invisible et le visible. Et le progrès d'une humanité qui avance, est de mettre en place des moyens de fonctionnement qui facilitent l'émergence de trois composantes de cette réalité. Il y a l'interdépendance matérielle, qui va se transformer en partage, quand l'homme devient un adulte responsable en évoluant. Puis la reconnaissance des autres comme étant les mêmes que nous, qui s'exprime sous forme de solidarité, grâce à notre croissance intérieure. Puis vient l'utilisation des connaissances au service du bien commun de tous les hommes, et non de l'intérêt de quelques uns. Car nous sommes tous embarqués sur la même planète, et les faux pas, comme ceux qui aident à évoluer, vont retentir sur tout le monde !

Xavier et le fauve

Dompter le cheval

Xavier poursuivait parallèlement au travail de groupe, ses séances de thérapie individuelle. Il avait très rapidement assimilé le mode d'emploi de l'exploration de lui même avec Théo. Il faisait preuve d'une grande sensibilité et d'une finesse de perception qui contrastaient avec son grand corps rustique et bien charpenté.

A la demande de Théo, il avait pris l'habitude de rédiger tout de suite après la séance, un compte rendu de ce qu'il s'était passé pour lui, pour ne rien oublier.

Je suis allongé sur le dos dans la pénombre. Je traîne depuis quelques jours un malaise, avec parfois des angoisses, une sensation d'impasse, d'impuissance à agir, d'oppression. Passe dans mon esprit un souvenir d'une scène du film Ben Hur que j'avais vu étant petit. Une femme esclave allait être écrasée entre deux blocs de pierre gigantesques, tirés par des ouvriers chargés de la construction d'un édifice à l'époque de l'Égypte ancienne.

Je sens la nécessité d'aller plus loin et laisse aller ma respiration et mon corps.

J'étouffe et ajoute trois ou quatre coussins sur ma figure pour augmenter la sensation. Et je serre. Mon corps sur le dos part en arrière et ma tête s'encastre dans l'angle du mur. Il y a peu d'air qui passe. La respiration est très accélérée, rauque, entrecoupée de quintes.

« Tu vas parler ! » profère une voix d'homme, impérieuse, menaçante, mais aussi insidieuse, jouissive.

Je ne sais pas pourquoi ils me torturent, ni ce qu'ils veulent me faire dire.

Je suis un homme d'une trentaine d'années avec une sorte de culotte de toile, torse nu.

J'ai l'impression d'avoir la tête en bas, ma poitrine est écrasée par les genoux de deux hommes de part et d'autre, mes mains se débattent. Je suis couché sur la terre, mais avec la tête comme dans un trou.

On est dans un pays comme le Vietnam actuel, mais autrefois. Je ne vois pas le visage de celui qui a parlé, mais je le connais. C'est le père de ma femme. Un homme autour de soixante ans, avec une barbiche grise et un chapeau chinois.

Je ne sais si ma femme est là. Elle est très jolie et superficielle.

Les hommes cherchent à m'étouffer en mettant sur ma bouche et mon nez des tissus mouillés et du sable. Ils me plongent la tête dans l'eau et la retirent. Puis recommencent. Ma poitrine brûle, va exploser quand il n'y a plus d'air. Au moment où je sombre, ils me relâchent, l'air arrive.

Mon corps convulse et se débat. Je reçois des coups dans le ventre.

L'interrogatoire se prolonge, mes forces diminuent. Je m'évanouis un moment et vois alors clignoter une lumière jaune pâle, puis bleu pâle au dessus de ma tête. Je crois être mort.

Mais je reviens à moi et ça recommence. Ils m'étouffent encore

J'ai l'impression que le vieux ne fait pas ça seulement pour avoir une réponse mais qu'il a trouvé un alibi pour se venger avec plaisir.

Les coups sur le ventre ne trouvent plus qu'une chair sans réponse. Je suis épuisé.

« Tu vas parler ! »

Cette fois, ça s'aggrave. Ils me prennent la main droite et m'enfoncent des éclats de bambou sous les ongles.

Me reviennent les scènes que je faisais étant petit, quand il fallait me couper les ongles. Il fallait me coincer de force, tandis que je hurlais comme si on m'égorgeait.

Mes doigts ne sont que souffrance sanguinolente. Je tiens ma main en l'air et évite de la bouger, car le moindre mouvement est un déchirement.

Mon corps est brisé.

Sur le lit, avec précaution, je ménage un peu d'air sous les coussins.

Je sens que ma résistance a cédé. J'ai l'impression d'avoir dit oui.

Je n'étais pas conscient au début de ce qu'on me reprochait. Mais maintenant je réalise que c'est parce que j'ai couché avec une autre femme, une paysanne. Je la vois debout, en pantalons gris, le long d'une maison en torchis. Elle a des traits assez grossiers. Je ne suis pas bien dans ma famille.

La torture s'est arrêtée.

Maintenant, c'est le châtiment. Immédiat. Ils m'enlèvent l'espèce de culotte qui me restait. On me saisit les pieds et les mains et je suis attaché à des piquets, couché sur la terre à la même place. Je sens, tellement ils tirent, une tension terrible sur le côté gauche entre la jambe et le bras.

Je sais ce qu'ils vont faire : ils vont me châtrer.

Une main m'empoigne les couilles, se referme en les étirant vers le haut. Une douleur intense, froide et brève. D'un coup sec la lame a tranché. Je reste là, écrasé, anéanti, douloureux.

Je revois l'image de cet homme peu de temps après, assis près d'une rivière, prostré. Désespéré.

Je sens que je n'ai pas fini l'exploration. J'ai besoin de récupérer un peu. Ma respiration reste cependant rapide et profonde.

Quelques minutes passent. Ma main douloureuse est toujours en l'air. Je commence à la bouger pour la dégourdir. Un mouvement peu à peu s'empare d'elle, rythmique, violent.

Par elle, un autre personnage s'installe en moi. Très différent du précédent. Il me faut quelques secondes pour me mettre à l'unisson avec cet homme violent, antipathique, qui balance sa main comme un fouet.

Je suis ivre de vin, de force, de prétention. J'ai peut-être le même âge que le vietnamien, mais je suis une brute insolente. Un soldat, un soudard. Dans le nord de l'Europe. L'époque : avant le Moyen Âge. Ça se passe dans une forêt, près d'une cabane.

Ce que la main balance, ce n'est pas un fouet, mais un poignard. Je joue avec, pour faire peur à un vieillard adossé à sa cabane. Je le passe et le repasse devant le visage du vieux terrorisé. Je lui taillade même les joues en rigolant. La vie ne représente pas grand chose. J'ai la jeunesse et la force pour moi. J'ai un copain avec moi. On est complètement sûr de nous.

Le poignard s'approche même tellement des yeux du vieillard, qu'il les crève.

C'est la chair fraîche qui a attiré les deux mercenaires.

Dans la cabane, il y a une fille, jeune, pas encore pubère. Je vois simplement son pubis blanc et sans poils. Sa vulve. Je la viole.

Malaise.

Je suis toujours sous les coussins, respirant difficilement. Je cherche à comprendre, à essayer de savoir qui sont ces personnages, aujourd'hui. Rien ne vient. La sensation d'étouffement s'accentue. Je suis atterré de constater ce que je viens de faire. Je m'étouffe exprès, appuie sur les coussins davantage. Ma main monte à mon cou et serre. Ce n'est pas suffisant. Je me pince le nez

On me pince le nez. C'est dehors, peut-être dans une ruelle. Je suis une fille de 15-16 ans. Un corps, petit, fluet, mais bien fait. Je suis à moitié allongée sur une sorte de chariot, de charrette. Il fait sombre. Deux hommes m'ont renversée là, de force. Ils sont habillés avec des habits de couleur. Ce ne sont pas de pauvres gens. L'un a une espèce de gros chapeau boursouflé de couleur grenat. Il doit avoir près de 40 ans. Il a une bedaine, une barbe fournie, brun-rouge, avec des poils épais.

L'autre est plus jeune, plus musclé. Il a soulevé ma jambe gauche qui frotte contre le mur, tandis qu'il me pénètre

> avec son sexe. Mon autre jambe ballotte.
>
> Le plus gros est venu près de ma tête, m'a pincé le nez pour m'obliger à ouvrir la bouche. Il y enfourne son gros sexe qui m'étouffe. Il percute le fond de ma gorge. Cela provoque des spasmes, je tousse, j'ai envie de vomir. Je ne peux plus respirer. Il ne desserre pas mon nez.
>
> Ce qui se passe entre mes jambes m'est indifférent.
>
> Prendre de l'air d'abord.
>
> Je pense qu'ils changent les rôles, puis me laissent là.
>
> Je suis épuisé.
>
> Je cherche le sens de ces scènes en parlant avec Théo, toujours en étant sur deux niveaux de conscience à la fois. Quel rapport entre ces personnages et aujourd'hui ?
>
> La réponse vient.
>
> Le gros barbu, c'est la très jeune fille que j'avais violée. Dans cette vie, c'est mon associé, qui est parti avec la caisse et a fait couler notre boite de paysagistes.
>
> Le plus jeune est à l'inverse le vieillard tailladé. C'est mon beau père vietnamien. C'est mon père actuel, qui a continué de me rouer de coups tout au long de mon enfance.

Plusieurs mois s'écoulent après cette séance majeure. Xavier a besoin de temps pour assimiler et prendre conscience des traces que ces événements ont laissées dans sa vie actuelle.

— Aujourd'hui avant de commencer, Théo, j'ai besoin de revenir sur la sensation d'être paumé que j'avais revécue dans une des premières séances avec le vietnamien. Encore là maintenant, même avec toi, j'ai du mal à dire qu'on lui a coupé les couilles... Ça me fait penser à la mort, la honte, je ne suis plus personne. Il a été écrasé si brutalement ce petit mâle qui semait la terreur avec sa bite et son poignard dans toute la région. Je me rends compte que ça me gêne encore pour montrer ce que je sais faire dans mon boulot, je me fais avoir par mon associé et j'ai du mal à être un mec avec les filles et que ça dure : aussi bien pour être amoureux que pour bander. Et puis il y a un drôle de truc. Ce que j'ai fait avant (crever les yeux, violer), c'est complètement horrible, mais j'ai l'impression que mon beau père et mon père aussi se sont laissés emporter par leur haine. Sans savoir l'arrêter. On est parti dans un engrenage sans fin. Je vois dans le travail qu'on fait ensemble que ça prend du temps de vie en vie pour corriger ma violence, ma façon d'agir avec les femmes, avec les autres. Pour faire quelque chose de cette colère, cette envie de détruire, ces peurs. C'est comme s'il fallait canaliser un ruisseau trop rapide pour pouvoir irriguer. Faire des petits barrages qui diminuent la vitesse de l'eau, comme je le fais dans un jardin, pour faire communiquer à tour de rôle des parcelles différentes. Alors ce qui pouvait être destructeur, va pouvoir apporter au contraire la fertilité. Ce qui est bien, c'est que c'est la même eau qui va pouvoir servir à autre chose. Le même truc brut devient une richesse, si on sait le transformer. C'est la manière de m'y prendre qui doit changer.

Théo réfléchit :

— Tu as eu l'occasion plusieurs fois dans des vies passées d'être confronté à ton père. Est-ce qu'il n'y a pas eu comme un moment où vos agressions respectives s'étaient équilibrées et où il fallait arrêter la guerre ? Vous étiez quittes des dettes. Mais peut-être, vous n'aviez pas avancé à la même vitesse pour acquérir les moyens pour tenir en laisse vos pulsions. Toi, tu avais été plus rapide. Pour lui, sa rage destructrice avait continué et saccagé ton enfance. Œil pour œil, ça rend tout le monde aveugle, disait Gandhi.

— Oui. Je crois qu'il y a quelque chose de vrai, Théo. Tenir en laisse ses pulsions... J'ai commencé à apprendre qu'il faut être le maître dans sa maison et dresser son cheval, pour qu'il ne nous emmène pas, là où on ne veut pas aller. C'est évident. Je peux dire ça maintenant, dans ma tête, avec un peu plus de recul. Mais en pratique, c'est autre chose. C'est comme arrêter de fumer. On sait qu'on se détruit et on continue... C'est moi qui avais tout le temps envie de baiser, n'importe qui, n'importe où. Me servir de l'autre comme un trou pour satisfaire mon besoin animal d'abord. Jouir et jouir encore. Il fallait que je devienne peu à peu, quelqu'un d'autre. En vivant des vies de femmes, j'ai peu à peu expérimenté ce qu'était subir la loi du plus fort. J'ai appris une autre forme de sensibilité. Il y a eu aussi cette vie de moine à Poitiers au Moyen Âge. Je m'étais engagé volontairement dans une vie sans sexe. Pour que mon environnement m'aide à reprendre le contrôle de moi-même. Mais à l'intérieur, je brûlais de désirs. Je gardais les apparences, renforçant même la discipline et les privations. J'attirais, bien malgré moi le respect des autres moines, qui voulaient m'élire prieur. Je me revois, dans la solitude de ma cellule, pleurant d'impuissance à dresser mon cheval. « Frère âne » comme l'appelait François d'Assise. Mais celui-là donnait beaucoup de ruades.

Théo se fait préciser :

— Tu dis qu'il n'y a pas que le dressage physique…

— Oui. En violant ces filles, je me sentais fort. Pas seulement physiquement. Je faisais peur, j'avais du pouvoir, j'étais important.

Théo essaie de mieux identifier les pulsions en présence :

— Tu vois, si nous voulons aborder ce sujet du point de vue de notre évolution, il y a déjà trois chantiers de choses à transformer qui accompagnent le plaisir sexuel exacerbé et le désir en général. Mon corps : il faut qu'il m'obéisse. Mes émotions : la peur, la haine, la passion : elles me mènent là où je ne veux pas aller. Il y a aussi Moi : moi d'abord. Si c'est mon seul intérêt qui prime, il n'y a pas de place pour les autres. Donc, il faudrait qu'y ait quelque chose qui contrôle le Moi… Ça c'est quelque chose qu'on pourrait approfondir ensemble avec le groupe. Cela nous concerne tous.

Xavier reprend :

— On dirait que souvent pour décider de changer complètement son comportement et réellement en prendre les moyens, il faut rentrer dans le mur, toucher le fond du fond, comme m'avait dit un alcoolique qui avait réussi à s'en sortir. Ou bien arriver à un écœurement, une saturation insurmontables. Et puis on commence à grignoter pas à pas de petites victoires.

Il ajoute, avec un sourire incrédule :

— Et dire qu'il y en a qui croient qu'une seule vie suffit !

Un fauve à la maison ?

Quelques temps après, Théo propose à Xavier :

— Aujourd'hui, on pourrait essayer de faire un peu le point pour voir où tu en es depuis que tu es parti à la recherche de toi-même. Je pourrais presque dire, où nous en sommes, tellement ce que tu revis a des échos en moi et me fait me poser des questions presque autant qu'à toi. C'est quoi pour toi le sens de ce que tu découvres ?

— C'est une vraie aventure intérieure, un continent inconnu qui était là sous mes pieds, si proche, sans que je ne m'en rende compte. Quand j'ai débuté, je n'avais pas du tout l'intention d'aller si loin. Mais en fait, je n'en savais rien. Ce qui m'étonne encore, c'est que le passé et aujourd'hui, sont là en même temps. C'est comme en photo, ça dépend de là où je fais ma mise au point : il ne faut pas se servir de l'auto focus ! Ce que je vais voir, dépend de moi, de ce que je veux approfondir. Et il faut apprendre à voir. Il y a longtemps j'avais fait un rêve où j'étais dans la cuisine d'une petite maison de banlieue, bien banale et proprette. J'ouvrais une porte et soudain surgissait le ronflement d'une chaudière : c'était celle d'un four crématoire d'un camp de concentration ! Dans la vie simple et tranquille, normale, du quotidien, il pouvait y avoir, tapi dans l'ombre, un stock d'explosifs. Un vrai cabinet de Barbe Bleue ! C'est interdit d'y pénétrer, à moins de savoir neutraliser Barbe bleue. L'exploration avec toi me l'a confirmé. Faute d'avoir été affronté et transformé, c'est toujours là et ça peut nous sauter à la gueule. C'est-à-dire que tant qu'on en est pas conscient, ça continue d'agir et d'empoisonner notre vie et celle des autres. Ça m'a beaucoup aidé d'aller faire un tour dans mon passé lointain. Surtout parce que je vois l'enchaînement des conneries que j'ai pu faire et leurs conséquences. Et que ça prend du temps de corriger nos comportements et de réparer les dégâts. C'est comme au billard, il faudrait apprendre à prévoir les ricochets que notre coup de canne va provoquer ! Ce qui nous obligerait à ouvrir les yeux et à assumer nos responsabilités. C'est vrai que lorsqu'on s'autorise à sortir des histoires de « j'ai pas de chance » et qu'on commence à comprendre qu'on est pas toujours obligé de continuer de subir notre vie quand on est devenu adulte, ça donne une drôle d'impression d'avoir la possibilité de tirer parti des circonstances pour mieux choisir sa vie. Je veux croire qu'on a toujours une petite marge de manœuvre, même infime. Je cherche aussi dans ce travail à me transformer, pour m'améliorer. Malgré mes merdes de cette vie, je vois que j'ai évolué depuis mes vies passées, en bien, oserais-je dire ! Ça me rend optimiste et j'ai envie de le partager, pour dire que c'est possible. J'ai encore du boulot à faire, bien sûr ! Mais, au passage je voudrais te dire quelque chose qui me travaille à propos de ça. Je suis convaincu que la bête sauvage que j'ai rencontrée, existe en chacun de nous.

— C'est-à-dire ?

— Ce qui n'est pas résolu à l'intérieur de soi, se retrouve, immanquablement à l'extérieur. Des copains du père d'une amie, bons petits français moyens, soldats appelés en Algérie et devenus tranquilles pères de famille après, m'ont raconté comment ils avaient torturé. Parfois avec plaisir, parfois pour se venger. « C'était la guerre ! » Je ne veux pas du tout les juger : ils sont ce que j'étais. L'autre jour chez la boulangère, une femme s'indignait à propos d'un jeune de 14 ans qui avait mis le feu à des hectares de forêt. Et dans sa colère, elle proposait d'attacher le gamin à un arbre et de le faire brûler avec la forêt. Je n'ai pas pu m'empêcher de lui demander : « Et si c'était votre fils ? »

— Ce que tu dis confirme une leçon à laquelle j'ai été confronté plusieurs fois dans ma vie : la chose que je méprise ou craint le plus, est la chose qui existe le plus puissamment en moi. C'est pas du tout évident de s'en rendre compte, puis de l'accepter, puis de le changer.

— Mais ce qui me travaille, c'est de ne pas se poser de questions et de ne pas se remettre en cause soi-même. Il y a quelques années, je visitais, avec mon chien en laisse, les roulottes d'un cirque ambulant. Le chien soudain s'est mis à gémir et paniquer, sans raison apparente : il avait senti à distance la présence de la cage des fauves. Et quand le fauve est en nous, comment faire pour le reconnaître, puis l'affronter ? Je crois pourtant que la seule personne que je peux changer, c'est moi ! Dans tous les trucs qui vont de travers dans le monde, j'ai l'impression qu'il y a en moi quelque chose qui leur correspond et que je peux, à mon échelle, changer en ne cédant pas à la facilité et en prenant ma petite part pour faire avancer les choses. Si on s'y met à plusieurs, c'est encore mieux !

Théo résonne avec Xavier :

— Je crois que ça fait un moment déjà, que tu as commencé d'affronter « ta bête ». En lui faisant perdre de vie en vie, un peu de son pouvoir. Comme Hercule, qui en soulevant de terre l'Hydre de l'Herne l'empêchait d'y puiser et d'y renouveler ses forces. Dans le mythe, la bête est un monstre à neuf têtes qui crachent des flammes. Il tire sa puissance de l'obscurité et de la vase de nos désirs égoïstes. Ces têtes représentent l'usage détourné à notre seul profit de l'argent, du bien être physique, du sexe. Mais aussi la peur, la haine, la soif de pouvoir, l'orgueil, le plaisir qu'on trouve à faire du mal aux autres. Ou encore la séparativité qui privilégie les différences plutôt que l'unité : les nations, les classes sociales, les religions... plutôt que le bien commun de l'humanité. Pour l'affronter, Hercule s'agenouille : il a donc d'abord une attitude de modestie et d'honnêteté en se connaissant lui-même. Il ne cherche pas à se raconter des histoires, à jouer le rôle de quelqu'un d'autre. Il reconnaît qu'il a tout cela en lui. Aussi longtemps qu'il tente de résoudre les problèmes au niveau où ils se posent, il n'avance pas : il coupe une tête du monstre, mais il en repousse deux. Ce n'est que lorsque il soulève la bête au dessus de sa tête, en la maintenant dans un air frais, hors des miasmes où elle se complaît, qu'elle s'asphyxie et perd ses forces. A cette hauteur, il peut se servir du discernement et de sa sagesse pour faire face à une bête unique et non à neuf têtes séparées. Il lui est alors plus facile de transformer la bête pour que les énergies séparatives destructrices s'unifient et se mettent au service des hommes. A partir du travail que nous faisons ensemble, est-ce que tu peux discerner dans la succession de tes vies une évolution et une alternance qui t'ont obligé de vie en vie, à rétablir l'équilibre, quitte à prendre le contre-pied de ce qui s'était passé avant, à déséquilibrer provisoirement un des plateaux de la balance en attendant que peu à peu les problèmes se posent de façon moins aiguë. Comme si, la violence et la brutalité du début devaient d'abord être régulées, neutralisées au niveau concret, matériel, dans le corps, par la souffrance physique, la perte de possessions. Puis il te fallait affronter progressivement la zone plus subtile des sentiments, des peurs, de l'attachement. Pour développer ce qui peut contrebalancer ces possibilités de nuire. C'est-à-dire développer en toi la capacité de te mettre à la place des autres, de partager tes acquis, de les aider à déjouer les pièges dans lesquels tu étais toi-même tombé. Xavier, tout ce qu'il t'a fallu de courage, pour affronter ce monstre que tu avais enfanté, peut te donner une autre image de toi-même, et t'inciter à reconnaître tes richesses et à les partager. Puisque tu sais maintenant que les autres sont comme toi : tu as partagé la bête avec eux, pourquoi tu ne partagerais pas maintenant aussi le meilleur. Un des puissants moteurs du changement est de s'accepter soi-même. Pas intellectuellement. Mais d'intégrer dans notre quotidien avec empathie ces vieux compagnons : l'ange et la bête.

De nombreux chemins

Au début il y a la fin...

Lors des dernières rencontres du groupe, un thème semblait émerger dans les échanges, puis disparaissait pour revenir sous une autre forme plus tard, traduisant peut-être les réticences à vouloir l'aborder. Les exemples étaient pris dans leurs préoccupations du moment ou dans des souvenirs anciens dont les braises ne semblaient pas toujours éteintes. Il y était question de fin, de mort, de séparation, de perte, d'attachement douloureux, de déménagement, de changement d'emploi, d'accident, du départ des enfants, de divorce...

— C'est là, un bien joyeux catalogue pour attirer les foules, ironise Cyril !

Il est éducateur spécialisé et poursuit une profonde remise en question de lui-même. Elle a commencé à la suite d'un grave accident de voiture dans lequel il a failli mourir. Il s'en est tiré avec des vertèbres fracturées mais a frôlé le risque de rester paralysé. Il n'a pu se remettre debout qu'après de nombreux mois de rééducation. Il avait été bousculé par la réponse de son kiné à qui il manifestait son désir de redevenir « comme avant ». « Oui, physiquement, je te le souhaite et on va travailler pour ça. Mais pour le reste à l'intérieur de toi, il me semble que ça serait utile que tu ne fasses pas comme s'il ne s'était rien passé dans ton existence. On a commencé à bien parler ensemble. Tu le sais, les accidents de la vie n'arrivent pas toujours par hasard ! »

Elsa était intéressée par le thème de la fin des choses, mais elle le voyait davantage comme un processus, une chaîne d'attachements qui se terminent et d'autres qui commencent, à la rencontre d'opportunités nouvelles dans une perspective globale. Car la difficulté de ces événements incontournables de nos vies pouvait être abordée avec plus d'empathie et de compréhension, si on voyait que la fin était aussi reliée au renouvellement des choses. Au début il y a la fin. Et à la fin, il y a aussi un début. Pour elle, fin et début forment une tresse qui parcourt nos vies, une alternance qui est la trame de la vie même. Et que notre conditionnement à vouloir étiqueter et saucissonner les choses dans des cases séparées nous empêche de voir.

Amélie, est longtemps restée silencieuse, à l'écoute de chacun, assise sur un matelas, confortablement calée entre des coussins, dans l'ancien fenil où ont lieu les rencontres de groupe. Elle est la doyenne du groupe. On connaît la vie chahutée qu'elle a eue. Son courage de vouloir commencer du nouveau à son âge attire la sympathie.

— Pour commencer quelque chose, il faut être libre. C'est-à-dire s'être débarrassé de ce qui peut restreindre la mobilité, les attachements, les habitudes, la zone de confort. Ça veut dire, faire le deuil de ce qui est fini. Quelquefois on sait que c'est fini. D'autres fois, on croit que s'est fini, mais ça bouge encore.

Cyril se sent concerné.

— J'en finis plus depuis mon accident de me rendre compte de tout ce qui a été touché dans ma vie en plus de mon corps. Mon environnement est resté le même. J'ai repris mon boulot, retrouvé mon copain, puisque c'est un copain et pas une copine, mon appart. Donc, l'accident, c'est fini. Mais je ne me suis pas retrouvé, moi. Il y a une vague de fond qui a ébranlé tous mes repères. J'ai l'impression que c'est lié avec le fait d'avoir été si proche de la mort. La possibilité qu'en une seconde, il n'y ait plus rien. Ça remet sérieusement en question les habitudes, les certitudes. Ce n'est pas possible que je me retrouve, puisque je ne suis plus le même.

— Et c'est quoi, toi ?

— C'est tous les repères, les attachements, ce qui me paraissait important. Tout ce qui m'a aidé à grandir. Quand vous parlez du deuil, ce n'est pas pour moi faire le deuil des personnes ou des lieux que j'ai aimés. Ce qui est à faire, c'est le deuil de moi, ou plutôt de ce que j'ai été. Je ne vois plus le monde de la même façon. Je suis en train de changer d'identité. C'est douloureux, mais en même temps, je sens que ça me libère : il y avait des choses qui étaient déjà terminées et je ne m'en rendais pas compte.

— C'est important pour moi, réagit Elsa, ce que tu dis des choses qui sont déjà terminées. Mais je le vois un peu dans un autre sens. J'ai une amie qui a la soixantaine et dont le père est devenu aveugle à la suite d'une dégénérescence de la rétine. Ça a une composante héréditaire. Elle se sent donc concernée. Mais au lieu de laisser courir et de penser qu'elle passera au travers des gouttes, elle anticipe l'idée de la fin de sa vision. Mais dans une autre optique que le deuil et la fin des choses. Cette éventualité est au contraire une ouverture à d'autres possibles. C'est l'opportunité de découvrir et explorer des potentiels de créativité, de connaissances, de relations nouvelles. Un peu comme des graines en hibernation qui seraient restées en attente de la chaleur et de la pluie pour germer. Elle a commencé à apprendre le Braille. Ça sera peut-être inutile, mais elle découvre un autre monde, qui l'enrichit et met en valeur ce qui était déjà là, mais était encore invisible. Sa perception de l'environnement change. Au delà de la vue. Ce n'est pas toujours simple d'accompagner la fin. On peut se demander s'il n'y a pas au moins deux approches. Celle dont tu parles, Cyril : faire face à l'imprévisible, au bouleversement, à l'arrachement brutal. Et puis une autre qui laisse exister en même temps ce qui se termine et le nouveau qui doucement apparaît. Elle permet de maintenir une continuité qui apaise, entre passé, présent et futur.

— Ça se passe comme l'arrêt du tabac, commente Xavier. Il y en a qui arrêtent d'un coup et d'autres qui ont besoin d'étapes pour se sevrer.

— Je suis un peu jaloux de toi, Xavier, reprend Cyril, avec ce que tu nous as raconté de ton coma et de ton voyage « de l'autre côté ». Toi, tu es revenu avec un élargissement du paysage dans ta tête qui te permet de voir ton environnement différemment, mais tu es resté le même. Les gens à qui tu parles, la voiture que tu conduis, le lit dans lequel tu te couches, ne sont plus les mêmes. C'est ton regard sur la vie qui n'est plus pareil. Mais tu es toujours Xavier. Moi, je ne suis plus dans mes godasses. Il y a des choses qui ont été cassées à l'intérieur de moi et ce n'est pas seulement mon corps. Il faut que je me reconstruise sur des bases nouvelles. Il faut que je cherche ma sécurité autrement, que je trouve des preuves d'amour dans des signes que je ne voyais pas, que je lâche l'étiquette « homo » anormal que je trimbalais, pour devenir un être humain qui a une sexualité différente de la majorité. J'ai l'impression qu'il faut que je travaille pourquoi ma « différence » a envahi mon univers et que je me considère moi-même comme pareil à tout le monde. C'était moi autant que les autres qui me voyais différent. C'était donc moi qui étais intolérant, vis-à-vis de moi-même. Parce que je me considérais plus comme un homo que comme un humain. Il faut donc que je dise adieu à l'ancien Cyril, que je change de peau.

— On a quand même chacun, ajoute Elsa, une technique pour changer, avec laquelle on est plus à l'aise. Moi, c'est la perspective des choses nouvelles devant moi qui me stimule pour avancer, pour accepter l'idée qu'il y a des choses à abandonner ou à terminer. Tandis que Théo est stimulé par les pertes et les détachements. Mais tout le monde avance.

Suzanne est confrontée parfois dans son métier d'infirmière à des situations limites, à des patients assaillis de stress simultanément dans différents domaines de leur vie :

— J'ai l'impression que chaque être humain a des capacités d'assimilation différentes face aux traumatismes. Chacun semble avoir un seuil d'absorption au-delà duquel, ça passe dans l'inconscient. Et c'est cette partie-là qui va continuer à agir à notre insu et revenir sans qu'on sache d'où ça vient, nous empoisonner la vie. C'est pourquoi on parle aujourd'hui entre nous des fins et de la difficulté quelque fois de terminer ce qui est fini, parce que dans l'inconscient ça n'est pas fini.

— A ce propos, j'ai un exemple à donner, propose Théo. Il est tout frais, parce que c'est une prise de conscience que j'ai faite récemment. Je faisais depuis plusieurs années un rêve récurrent : je devais quitter l'hôpital où j'ai travaillé dans la réalité pendant plusieurs années. Avec des variantes selon les rêves, revenait toujours le fait que je partais avec ma tenue blanche de soignant que j'oubliais systématiquement de laisser au vestiaire. J'étais obligé de revenir à chaque fois la déposer. J'avais eu beau chercher, par un bout ou un autre à en décrypter le sens, rien n'était venu. La réponse a surgi, quand je me suis penché à nouveau sur l'épisode de ma vie norvégienne qui s'était terminé avec la mort tragique de mes enfants dans l'incendie de notre maison. J'avais l'impression de pouvoir parler de façon neutre de ce souvenir lointain. Mais en réalité, il était né en moi inconsciemment, à cette époque, un besoin vital, utopique bien sûr, d'éviter aux humains, la souffrance et la mort. Cela avait été, avec la maladie de ma grand mère, une motivation à l'origine de mon métier d'infirmier. Volontairement, j'avais voulu quitter l'hôpital, car j'estimais consciemment y avoir fait mon temps. Mais je n'avais pas fait intérieurement le deuil de mon besoin de soigner ! Ça avait l'air terminé, mais ça ne l'était pas. Sans surprise, les rêves se sont arrêtés avec la prise de conscience du lien entre la non-acceptation de la perte brutale de mes enfants, qui avait provoqué mon suicide dans la montagne, et mon rôle de soignant. Ça reste pour moi un sujet de réflexion de voir combien est complexe le processus de détachement, qui doit se faire à des niveaux de plus en plus subtils. L'attachement doit être libre, et pas obligatoire. Ce qui n'est pas forcément simple à mettre en pratique ! Et puis se pose la question, si longtemps après, de la persistance de ces « traces », ces mémoires inconscientes, si fines et pourtant toujours actives.

Suzanne voudrait des éclaircissements.

— Tu veux dire quoi, Théo, quand tu dis que l'attachement doit être libre ?

— Je parle de la différence entre l'esclavage et l'autonomie. Il s'agit de développer une possibilité de choisir. Nos décisions de la vie de tous les jours ne sont pas forcément rationnelles, mais les choses se passent mieux, si on parvient à créer un espace intérieur qui permette avec un peu de distance d'envisager les conséquences de nos actes, d'assumer les risques pris. Par exemple, dans le domaine affectif, c'est savoir évaluer si nous sommes dans une relation inégalitaire. Ne pas être soi-même dépendant de l'autre, mais aussi ne pas avoir besoin de sa dépendance.

Elsa a envie d'approfondir encore la fin des choses.

— Est-ce qu'il est nécessaire de perdre pour apprendre ? Est-ce qu'on ne peut pas le faire aussi par l'exploration de nouveaux possibles ?

Cyril propose un autre regard sur la question.

— Si on essayait de sortir de « c'est ou bien ça, ou bien son contraire ». Cette foutue dualité ! Il me semble que ce qui est commun aux deux options, c'est d'apprendre à gérer l'attachement.

— Je vais rajouter encore un peu de complications concernant le détachement, sourit Théo. Par exemple on a souffert enfant d'un milieu bordélique, instable affectivement, traversé par les colères des uns, les replis sur soi et les larmes des autres. Pour tenter de mettre de l'ordre dans ces débordements, on a développé un besoin de discipline, de perfectionnisme, de vouloir que tout soit propre, et surtout de l'exiger des autres, conjoint, enfants. Ça a fourni un cadre de vie structuré, sécurisant pendant longtemps. Mais avec le temps, c'est devenu rigide, obligatoire et lourd à assumer avec les limitations du vieillissement. Et nous revoilà avec la fin des choses. Ce qui a représenté un progrès, un acquis pour corriger ce qui faisait souffrir, devient à son tour un handicap. Le difficile à comprendre est qu'il ne faut pas déplacer le problème en le faisant assumer par d'autres, mais renoncer nous-mêmes à notre manière de fonctionner. Apprendre à se détacher de ce qui a été d'abord notre survie, puis notre identité et notre zone de confort, et qui finalement est devenu un obstacle pour continuer d'évoluer.

— Pour avoir une vue un peu panoramique propose Alex, peut-on dire qu'il y a dans notre évolution intérieure deux dynamiques ? Tantôt une évolution « cool » qui nous fait modifier nos choix selon les opportunités qui se présentent en abandonnant ce qui fonctionne mal et en adoptant le nouveau. Tantôt une évolution par crises. Elles surviennent quand on a résisté longtemps aux changements, parfois pendant des vies. On répète ce qu'on voulait éviter, les problèmes s'accumulent et faute d'avoir été affrontés en temps voulu, soudain explosent. Les deux sont souvent mélangées dans notre vie, avec des proportions variables. L'une et l'autre nous font avancer.

— Ce qui réconcilie Elsa et Théo, plaisante Cyril. On peut dire aussi qu'il y a une méthode lente et passive : tout le monde évolue nécessairement avec l'environnement qui se modifie avec le temps. Ça peut durer des centaines d'années ! Mais on peut aussi, se prendre en main et tenter de modifier soi-même sa vie. Et ça va alors aller beaucoup plus vite, quitte à faire quelques vagues supplémentaires ! Ça sera même encore plus efficace si on sait discerner ce qui est notre tâche et ce qui est celle de notre voisin. Faire un truc bien, mais qui n'est pas de notre compétence, produira moins de fruits, qu'une tâche apparemment d'importance secondaire, mais qui fait partie de notre job intérieur !

— Ça me semble difficile, ajoute Théo, quand on parle de fin des choses et de perte, de ne pas relever qu'il s'agit là probablement d'un principe directeur de la vie même. Apprendre à perdre pour gagner sur un autre plan. Lorsqu'on reconnaît ce besoin qui est en l'homme de sacrifier, d'abandonner une ligne de conduite afin de vaincre la peur, de gagner ou de sauver ce qui est souhaitable, est-ce qu'on ne touche pas là un aspect fondamental du développement et de l'évolution intérieurs de l'homme ? Comprendre que pour tenir, il faut détacher, et pour conserver, il faut lâcher. Est-ce que ça n'est pas l'expression même, du processus d'émergence en lui de son être véritable ?

Feux de bois, de toi, de moi

En fin d'après midi alors que le soleil déclinant nuance de rouge les pierres de la maison, Céline propose d'aller prendre l'air au dehors, tous ensemble.

— On pourrait faire un feu, il commence à faire un peu frisquet, enchaîne Xavier.

Théo qui avait une idée derrière la tête, saisit l'opportunité.

— Ça serait rigolo que chacun essaie d'en faire un, tout en ne restant pas trop loin les uns des autres et en n'utilisant pas de papier pour le démarrage !

Et les voilà partis à la recherche de matériaux pour l'allumage : brindilles, petit bois... Certains allaient dans la forêt toute proche, d'autres... dans le bûcher.

Théo suggère :

— Soyons bien attentifs à ce qui se passe en nous, nos sentiments, les pensées qui traversent notre esprit.

Céline faisait le tour de tous ces petits tas, parfois accompagnés du reflet des flammes qui pétillaient dans les yeux. Un peu plus loin c'étaient plutôt des soupirs, malgré les efforts pour attiser le feu en soufflant dessus. Elle observait les méthodes de chacun avant d'adopter une technique pour elle-même. Alex, dont le feu commençait à prendre de bonnes proportions, proposait ses services pour encourager les démarrages laborieux. Suzanne apportait à Amélie, des sarments enflammés pour stimuler son feu. Cyril rouspétait devant le manque de collaboration de ce bois mouillé ! Petit à petit chacun se retrouvait devant de joyeuses flammes qui modelaient les visages surgis de la nuit. Ils avaient eu envie de rapprocher leurs feux, pour n'en faire qu'un seul, autour duquel ils chantaient et riaient.

Le lendemain, au petit déjeuner, Elsa dit avoir vécu une expérience très riche, autant pour elle-même qu'en observant le comportement de chacun.

— C'est incroyable : à partir d'une tâche simple et banale, chacun apporte ce qu'il est, et laisse un peu pressentir comment il fonctionne dans la vie.

— Je me suis senti pas comme les autres, une fois de plus, soupira Cyril, avec les difficultés que j'avais à faire démarrer ce feu, alors que ça semblait si facile pour Alex.

Pour Amélie, c'était plutôt :

— J'ai pris tous les ingrédients que j'avais sous la main et qui pouvaient me servir, comme pour la soupe au pistou, et maintenant, à moi de jouer pour que ça marche !

Céline hésitait entre essayer de comprendre la meilleure des méthodes que chacun utilisait, ou demander à un homme comme Xavier, concret et proche de la nature, de l'aider. Et puis c'était un mec... Suzanne tout en dynamisant son feu, surveillait d'un œil comment progressait chacun, prête à venir à la rescousse si nécessaire. Xavier avait eu envie d'être le premier à réussir à faire surgir une flamme stable et durable. Les ressources de la nature, c'était son domaine ! Alex avait retrouvé ses réflexes de jeune scout avec délices. Théo se réjouissait de voir à l'œuvre la diversité humaine pour aller vers le même but. Pour lui c'était l'illustration d'une notion qu'il lui semblait importante d'aborder pour le groupe : « on voit le monde tel qu'on est, et pas comme il est ».

On voit le monde tel qu'on est

Lors de la rencontre de groupe suivante, Alex, dès le début, a hâte d'aborder le sujet :

— J'aimerais que chacun dise ce qu'il a tiré du « partage du feu ».

Il se sent un peu comme avec ses élèves et se demande ce qu'ils ont appris de leur Travaux Pratiques avec le feu.

— Moi, j'ai été frappé, en l'absence de consignes, de la variété des approches de chacun, de ceux qui essaient seuls et recommencent différemment, si ça ne marche pas. De ceux qui vont chercher des ressources à l'extérieur, de ceux qui s'impatientent... J'ai l'habitude de donner des consignes à respecter. J'apprends là que si le cadre est large et stimulant, la créativité est augmentée. Mais avec mes élèves, je ne fais pas de l'introspection !

— Ce qui est étonnant, avance Théo, c'est de voir grandeur nature, sur le terrain, la répétition de nos habitudes pour affronter une situation nouvelle, de nous voir dérouler un peu notre mode d'emploi de la vie. Si on prend le temps de s'interroger, on va voir que la façon dont on rentre en relation avec le feu, est la même que celle qu'on utilise dans la vie professionnelle, la même qu'avec notre partenaire affectif, la même qu'avec les autres en général. Le but est d'essayer de mieux se connaître. Pour pouvoir agir sur notre vie. D'abord de devenir conscient de comment ça se passe. Quelles sont nos stratégies, nos évitements, conscients ou inconscients ? Ensuite de comprendre quel type de conditionnements agissent en moi :

je fais comme mes parents m'ont appris ou le contraire. J'agis comme ça, parce que je préfère composer avec les événements, trouver pas à pas de meilleures solutions, plutôt que rentrer d'emblée dans le lard, comme faisait mon père. J'évite tel genre de situation, parce que ça a provoqué un accident pour mon frère, je ne fréquente pas certaines personnes ou certains endroits parce que je ne suis pas un bourgeois ou un ouvrier. Je n'utilise pas telle technique parce que c'est un truc de femme ou de vieux. Ou bien parce que j'ai « toujours » fait comme ça. Donc je me raconte une histoire à propos de moi-même, et en plus je m'identifie à cette histoire et j'en conclus : c'est moi.

Cyril se dit à haute voix :

— Mais si c'est une histoire que je me raconte, rien ne m'empêche de m'en raconter une autre ! Ce que j'ai pris pour la vérité ou la réalité, n'est en fait qu'une habitude, un conditionnement. Et la vraie question que nous devrions nous poser est d'essayer de prendre conscience que nos réactions aux problèmes qui se posent sont conditionnées et nous empêchent d'être libres et d'apprendre.

— Dit autrement, ajoute Amélie avec bienveillance, dire que tu es homo, n'est qu'une habitude. Tu es aussi, plein d'autres choses. Et surtout, tu es toi-même !

— Ça semble important au niveau de la société, complète Elsa, de ne pas faire rentrer les gens dans des boîtes avec des étiquettes, à partir des apparences. Mais ça commence, comme toujours, avec moi-même. J'ai une grille de lecture de la réalité, et si je change de grille de lecture, la réalité change. C'est moi qui me suis imposé ces contraintes, sans m'en rendre compte.

Alors la grosse voix d'Alex résonne :

— Ça serait bien de ne plus s'entre-tuer pour une grille de lecture !

— Mais on a en nous pendant longtemps cette violence, témoigne Xavier, qui parle en connaissance de cause. Est-ce que ce n'est pas parce que les autres ont une autre façon de voir la réalité que je me sens remis en cause, au cas où ils voudraient me l'imposer ? Ou bien plus bêtement, parce que faire partie du troupeau pour un mouton, c'est rassurant !

Cyril, bien sûr, fait écho :

— La différence, c'est inquiétant, surtout parce que c'est inconnu. Mais à l'expérience, c'est surtout l'ignorance de qui est l'autre et le manque de curiosité, d'empathie qui provoque l'intolérance. Quand les gens, se rencontrent sur leurs ressemblances, ils redeviennent humains : comme ces Palestiniens et Israéliens qui donnent le cœur de leur enfant dans un état de mort cérébrale après un accident, pour sauver la vie du « même » enfant situé de l'autre côté de la frontière.

— On pourrait aussi tirer un autre sens de notre construction des feux, propose Théo. Chacun a proposé son style, son utilisation des circonstances, des rapports humains... Il s'en est dégagé une espèce de mode d'emploi de la vie, puisque nous avons tendance à employer ce même schéma tout au long de notre vie. Est-ce qu'on ne pourrait pas dire que ça exprime notre personnalité ? C'est-à-dire les caractéristiques positives et négatives de ce que nous sommes le temps de cette vie. Et que notre évolution va se faire au fur et à mesure qu'on laisse pénétrer en nous qui avons été pendant longtemps identifiés à cette personnalité, cette part lumineuse dont nous sommes tous porteurs, mais inconscients. La personnalité dure le temps d'une vie, tandis que ce qui cherche à s'exprimer à partir de l'intérieur est permanent. C'est cette part lumineuse, pour reprendre l'image chère à Xavier, qui est le vrai cavalier intérieur. Et notre personnalité qui devient le cheval. Elle va effectuer les transformations en elle-même nécessaires pour ne faire progressivement qu'un avec le cavalier.

— On n'a pas encore parlé des lunettes déformantes du passé « lointain », se demande Amélie à propos de son expérience de ses vies passées. Comme vous savez, parce que j'en ai parlé à certains, je me suis rendu compte justement que la grille de lecture de mon présent était, dans certains domaines, influencée par des expériences faites dans d'autres incarnations. Et ce que j'aimerais mieux comprendre, c'est si ces empreintes du passé qui persistent et qui filtrent ce que je sens aujourd'hui ont un sens. Est-ce que j'ai une leçon à en apprendre maintenant ?

Xavier, qui était lui aussi parti, douloureusement, à la rencontre de ce qu'il avait été dans le passé se sent très concerné par ce que dit Amélie.

— Je me pose la même question.

— Ce qu'on aborde là vient au bon moment, renchérit Théo, parce que ça fait le lien entre deux façons d'aborder la question de l'évolution intérieure : il y a les archéologues d'une part et les transformateurs du quotidien de l'autre. Pour un archéologue : dans le passé, de vie en vie, j'ai été marqué par des événements répétitifs, positifs et négatifs qui m'ont permis peu à peu de développer la conscience de ce qu'il faut faire et de ce qu'il faut éviter pour ne pas me retrouver devant le même problème. L'apprentissage peut être lent, mais à chaque vie, je progresse. J'acquiers de l'expérience et des compétences pour développer ce qui me manque. C'est ça évoluer. Même si parfois on fait des détours ! Les transformateurs eux, n'ont pas besoin d'aller explorer les enfers. Leur passé, c'est aujourd'hui. Il s'agit de transformer le présent. Là encore, pour développer ce qui manque. Par exemple, telle qui dans le passé a séduit et manipulé des hommes pour les mettre dans son lit, pour les jeter après ou les faire égorger, n'a pas besoin de retrouver les souvenirs de tout ça. Mais de simplement se remettre en cause elle-même aujourd'hui à partir des difficultés des relations hommes femmes et de voir ce qui reste encore de rapports de pouvoir avec les autres. Et comment faire pour changer son logiciel répétitif. Ce pourrait être, par exemple, à titre d'apprentissage, d'accepter une dépendance aimante. En essayant de trouver un homme qui n'aura pas besoin de sa dépendance à elle ! Donc qui n'aura pas besoin d'affirmer son pouvoir dans ce domaine. Pour répondre aux interrogations d'Amélie et de Xavier, est-ce que quelqu'un se sent d'éclairer leur lanterne, à partir de son expérience ?

Pour Alex, ce qui permet d'avancer, de transformer une difficulté, c'est de l'aborder sur un niveau supérieur, comme en montagne en prenant de la hauteur, on voit l'ensemble du paysage. L'opposé du problème n'est pas la solution : la vengeance ou les représailles n'ont jamais fait avancer personne. C'est « au-dessus » de la mêlée, qu'on se transforme. En ayant d'abord exploré et assimilé les extrêmes.

— Pour avancer, poursuit Xavier, j'ai besoin de vous dire comment je vois mon problème aujourd'hui. La violence qui m'a suivi tout au long de ma vie, de ma vie actuelle, est un des filtres dont parle Amélie. Ayant été souvent agresseur, j'ai plutôt choisi d'être victime cette fois-ci. Mais les deux sont toujours là. J'ai du mal à faire ce que dit Alex, à trouver une troisième voie.

— Est-ce que ça ne pourrait pas être, dans ton boulot, de passer de la compétition à la coopération, propose Alex ? Sortir des rapports de force. Travailler ensemble et pas seul, avec des garanties juridiques pour ne pas te faire avoir encore. Mais choisir des partenaires avec qui tu partages les mêmes intérêts intérieurs pour ton entreprise, plutôt que quelqu'un qui apporte la compétence que tu n'avais pas. Comme dit Cyril, construire sur ce qui est commun. Ce qui n'empêche pas de bénéficier des différences.

— Est-ce qu'il y aurait quelqu'un, interroge à son tour Amélie, qui se sente le courage de m'aider à y voir plus clair ? Comme j'en ai souvent parlé, mon problème tourne autour de l'abandon. Aujourd'hui, j'en ai beaucoup moins peur, mais ce que j'aimerais, c'est pouvoir transformer les échos d'abandon qui eux, peuvent revenir. C'est comme si le son de départ s'était tu, mais que l'écho continuait de résonner quelquefois à partir de presque rien. Le sens de ma question est : qu'est-ce que je peux apprendre des échos de l'abandon dans ma vie d'aujourd'hui ?

Elsa aimerait accompagner Amélie.

— Il me semble qu'il y a deux questions dans ta question. Premièrement, est-ce que les échos d'abandon méritent que je m'y attarde, car ils sont bien plus légers que le traumatisme de départ ? Et, même s'ils sont dans mon présent, ne vaut-il pas mieux que je garde mon énergie pour des problèmes plus « vitaux » ? Et deuxièmement, si je considère que ces échos peuvent me faire avancer, qu'est-ce que je peux apprendre en essayant de terminer un chapitre difficile de ma vie, en faisant les dernières retouches pour pouvoir tourner cette page ? Pour ça, j'ai envie de rejoindre Alex et de prendre un peu de recul ou plutôt de hauteur. Et ta question, Amélie, me semble toucher aux raisons pour lesquelles on se retrouve ici ensemble. Ces échos du passé ou ces entraves dont nous prenons conscience maintenant, sont-elles le support de ce que nous avons aujourd'hui à transformer ? Comment s'aider les uns les autres à mieux prendre conscience du prochain pas que nous avons à faire ? Pour nous libérer des obstacles qui nous empêchent de devenir ce que nous sommes au fond de nous.

— Et de mieux comprendre, ajoute Théo, qu'elle est l'intention profonde pour cette vie, de ce qui, en nous, guide notre évolution. Est-ce trop tôt de dire qu'il semble y avoir une force évolutive qui par l'intermédiaire de nos incarnations successives nous guide pour devenir peu à peu des êtres plus autonomes, plus responsables les uns envers les autres et envers notre environnement ? Est-ce que ça peut être entendu, qu'il est souhaitable de sortir de la conception enfantine que nous sommes le centre de notre monde et que les humains satisfont leurs désirs sans tenir compte des autres et de la planète à tous niveaux ? Tous les règnes évoluent, minéral, végétal, animal, humain, et supra humain. Et nous sommes interdépendants. Nos yeux aveugles ne voient pas qu'il existe de multiples formes de vies, qui méritent attention et respect. Par exemple une des plus proches de nous, mais complètement ignorée, est celle des dévas. Ces êtres sans corps dense, donc invisibles, ont des responsabilités multiples dans la construction, la vitalisation des éléments de la nature et l'évolution de notre planète. Ils interfèrent aussi en permanence avec le monde des hommes et sont en attente de notre collaboration. Ils nous apprendront à voir sur le plan subtil énergétique et à augmenter notre sensibilité à ce qui est au-delà des apparences. Pour tenter de revenir à ta question, Amélie, il peut être intéressant de la replacer dans la perspective plus large de l'évolution humaine. Nous avons tous été confrontés à la peur de l'abandon au sens large : comme enfant, puis par nos partenaires amoureux, notre employeur, la maladie ou le vieillissement de notre corps... A un moment de notre évolution, c'est la composante affective de l'abandon, qui est davantage sollicitée. Plus que la composante matérielle, comme ne plus avoir de ressources, ou intellectuelle, comme perdre des illusions par rapport à un idéal (personnel, politique, social). Ça se passe dans tous les domaines de la vie qui peuvent nous aider à conquérir une autonomie affective. Ça veut dire arriver à trouver en soi-même sa sécurité affective, en dépendant au minimum des choses ou des personnes extérieures. Est-ce que tu n'as pas répondu très bien toi-même à ta question à propos de quoi faire de ce qui affleure encore aujourd'hui de ton passé lointain ? Tu l'as fait sur le mode archéologue. En travaillant sur tes vies passées, tu as trouvé qu'il y avait de grosses souffrances, sous des apparences anodines. Ça t'a permis d'enlever des filtres épais de ta grille de lecture !

Elsa se pose une question.

— Est-ce qu'il n'y a pas de vie en vie comme une usure (j'ai découvert un mot, nouveau pour moi, une « attrition ») qui fait aborder « les restes » du passé de façon de plus en plus fine, passant du niveau matériel vers le changement dans la tête ? La faillite de ta boîte, Xavier, donc la perte matérielle d'argent, peut être l'occasion d'une remise en question de ta gestion et plus largement de tes rapports avec les autres. C'est plus subtil. En « épuisant » la matière dense, ça donne accès à une utilisation plus nuancée des circonstances et permet mieux d'anticiper.

— Inversement, complète Théo, les problèmes peuvent aussi se former d'abord sur des plans subtils, où il est plus facile d'intervenir car il y a moins de résistance de la matière, avant de se concrétiser dans la matière dense. Peu à peu, on se rend compte que les causes se situent sur un plan énergétique et que, par exemple au point de vue santé, le corps n'est qu'un automate qui exécute ce qui s'est préparé sur le plan éthérique.

— Vu d'un peu loin, ajoute Suzanne, on pourrait croire, Amélie, que dans l'immensité du domaine affectif, ton travail précis, ta tâche, dans cette vie, serait d'avancer par rapport à l'abandon. Et que l'histoire de ta vie est la conquête de ton autonomie affective par rapport aux abandons matériels et affectifs que tu as rencontrés. Tu as retrouvé dans cette vie l'abandon de ta mère-enfant, de ta famille, de ton milieu social, de ta région d'origine, de ton mari. En surmontant à chaque fois les épreuves. Et tu as essayé de faire profiter les autres de ton expérience, entre autres dans le cadre de ta fonction de tutrice. Ta blessure personnelle est devenue source d'aide pour les autres. Tu as su transformer ton expérience négative du rejet vers une action qui crée de nouvelles possibilités d'entraide pour des gens qui ont perdu le contrôle de leur vie. Tu es passée sur un tour supérieur de la spirale ! Et l'autonomie affective, c'est de pouvoir quitter le déchirement de la petite fille abandonnée au XVIIème siècle, pour une heure plus tard partager joyeusement la tarte aux poires avec Sylviane, sans qu'il n'y ait plus d'échos !

Théo profite de l'intervention de Suzanne :

— Tu fais là indirectement allusion à un phénomène important en rappelant les différentes étapes qu'a traversées Amélie, dans cette vie. Elle a progressivement, mais rapidement réappris les acquis concernant le détachement par rapport à l'abandon, qu'elle avait emmagasinés dans ses vies passées. Dans sa vie de petite fille avec la servante en Roumanie, il lui avait fallu des années pour commencer d'apprendre le détachement et elle en était morte. Dans celle-ci, c'est elle qui quitte volontairement sa famille et devient autonome pour ne pas subir le même sort. Et rapidement, parce que ce sont des choses connues et assimilées, elle récapitule les différents niveaux de détachement obtenus, puis en acquiert de nouveaux. C'est une notion importante : on réapprend, on actualise d'abord au début de notre vie, puis on passe aux nouveaux apprentissages, pour franchir le pas suivant de cette vie. Par contre, notre transformation au contact des nouvelles épreuves que nous affrontons prend plus de temps puisque c'est inconnu et c'est souvent long. Mais il n'y a pas de règle rigide, et en fonction des opportunités et des réponses que nous donnons, ça peut aller plus vite. Or, nous sommes tous confrontés à la nécessité d'apprendre, à quelque endroit du chemin que nous nous trouvions. Nous apprenons de ceux qui marchent devant nous et nous partageons notre expérience avec ceux qui peinent encore derrière.

Alex souhaite enfin exprimer une réserve, une réticence qui le poursuit depuis le début de ces rencontres.

— Il y a des moments où je me demande si les explications qui sont proposées à nos interrogations n'impliquent pas, si on adhère aux hypothèses de vies successives, une notion de punition, de châtiment pour nos errances et nos turpitudes ou de récompense pour nos « bonnes actions ». Et ça me gène de mettre de la moralité là dedans. Je me sens assez « transformateur ». C'est pour moi, un mode de vie qui n'obéit pas à une idéologie. J'agis au présent, en fonction de ce qui me semble juste et adapté, en tenant compte de mes moyens et des conséquences que ça peut avoir pour les autres. Je me sens responsable de ce que je laisse à ma mort, et, si je vis et agis de façon cohérente, le bénéfice en sera pour l'humanité. On laisse une trace, qui justifie à elle seule de faire évoluer ce qui nous a été donné à la naissance. J'accueille avec bienveillance l'hypothèse d'avoir plusieurs vies, mais je n'en ai pas besoin pour agir. Si ça doit être une carotte ou un bâton, c'est très peu pour moi ! Ça ferait partie des croyances que nous cherchons à démasquer.

— J'essaie de te comprendre, dit Théo. Ce que j'apprécie particulièrement, c'est ton indépendance d'esprit. Tu as ta loi morale en toi, qui est le sens des responsabilités, vis-à-vis de toi-même ou des autres. Pendant ta vie, tu t'es imposé une cohérence, une discipline au nom de ces valeurs. Et tu sais que tout pas vers ton autonomie et ta liberté, en te libérant de certaines dépendances, va profiter au groupe, à la société dans son ensemble, car tu es conscient de l'interdépendance de toutes les composantes de notre monde. Ce que tu as acquis est un gain aussi pour les autres. Tu n'as pas d'inquiétudes concernant une éventuelle après-vie, sur laquelle tu ne fais pas de spéculations. On pourrait dire, que ton devenir, c'est ce que tu laisses. Et pour ta part, tu t'abstiens de privilégier des hypothèses. Et ça peut sans problème s'inclure dans la trame de nos interrogations qui sont la possibilité d'une évolution intérieure des individus et des sociétés sur une grande durée au cours de vies successives. Mais on n'a pas forcément besoin d'une explication du monde pour gérer notre vie avec honnêteté. On interroge ici une hypothèse qui s'intègre dans une compréhension du monde comme un univers qui évolue à tous niveaux, visible ou invisible, micro ou macroscopique. Et ce n'est pas toujours facile de partager une grande explication du monde, qui est forcément déformée par nos filtres personnels et va évoluer avec eux. Il n'y a qu'à voir comment les hommes ont trahi et déformé l'enseignement du Christ, du Bouddha, de Moïse, de Mahomet. Et l'explication scientifique du monde n'est la « vérité » qu'en attendant qu'une autre compréhension du monde vienne provisoirement prendre sa place. C'est ce qui se passe aujourd'hui pour les théories de la relativité, des quantas et du Big Bang, qui sont déjà dépassées !

— C'est pour ça, intervint Cyril, que j'aime bien la notion de « commun », indépendant des croyances séparatives et provisoires de chacun. Le soleil, l'eau, l'air font partie de ces biens communs qui ne sauraient être accaparés ou dénaturés par un intérêt particulier et dont l'intégrité est la condition de la vie.

Notre Terre en fait partie. La musique est aussi pour moi un de ces communs, qui permet de communiquer et de se réjouir par delà les différences de cultures.

— Tu parles de mon autonomie et de mon sens des responsabilités, ajoute Alex, mais avec l'âge, je me rends compte qu'il me faut apprendre aussi de plus en plus à respecter les choix des autres, à ne pas critiquer quand ils font des choix différents de ce que j'aurais fait, et que dans un fonctionnement de groupe, c'est l'intérêt commun qui doit primer. Ça me fait travailler mon mental, qui pense qu'il a davantage raison que celui des autres ! Quand j'ai compris que ma vérité, si évidente à mes yeux, est relative, j'avance dans le contrôle du mental. Je peux le mettre alors au service du commun.

Passion et détachement

— Mais c'est quoi le détachement par rapport à l'abandon, demande Céline, troublée par ces échanges ? Ça fait toujours mal, quand un mec nous laisse tomber, vous ne trouvez pas ?

— Ce que je commence vaguement à comprendre, enchaîne Xavier, c'est que là, on s'attriste sur la fin, la rupture, qui sont d'autant plus douloureuses qu'on ne les a pas vues venir. Mais en parlant avec vous du détachement, qui est pour moi un moyen de ne pas prendre les coups en direct, je me demande si ça ne commence pas dès le début, en ne partant pas à fond la caisse dès le départ, en ne mettant pas tous ses œufs dans le même panier, du genre « sans elle je n'existe pas, il n'y a qu'elle qui donne un sens à ma vie ». C'est-à-dire, pour moi qui l'ai beaucoup, longtemps, douloureusement travaillé, et ce n'est pas fini, c'est apprendre à bien tenir les rênes de mon cheval pour qu'il aille là où je veux, à l'allure que je souhaite.

— Ce qui complique les choses, poursuit Alex, c'est qu'on baigne dans une culture, dans des films, dans des romans où on nous fait vibrer avec « l'amour ça rime avec toujours », ou bien, « que c'est beau d'être amoureux ». Eh bien, ce n'est pas vrai. C'est se réjouir d'être aveugle. Ce sont des émotions agréables pour le temps qu'elles durent. Et elles ne durent pas longtemps. Ça veut dire quoi, de rechercher d'être complètement chaviré pendant quelques minutes par quelqu'un qu'on aura oublié dans une heure, dans un an, d'en perdre le boire et le manger, d'être désespéré si ça n'est pas réciproque ? Et ça n'a rien à voir avec l'amour. L'amour est désintéressé et pas possessif ! Ça, c'est de la passion enchaînée !

Elsa réagit.

— Tu dis ça brutalement. Est-ce qu'il n'y a pas une autre façon de l'exprimer ?

— C'est une réflexion de vieux rabat-joie, proteste Céline. Ça gêne qui, deux amoureux qui roucoulent ensemble ?

— Je peux témoigner d'une chose, nuance Amélie, après avoir approfondi mes abandons de cette vie : quand j'ai l'occasion de repasser dans des endroits où mes drames d'abandon ont eu lieu, je n'ai plus de pincement au cœur, c'est comme si c'était arrivé à une étrangère : j'éprouve de la compassion pour quelqu'un d'autre. Et ça fait drôle d'être quelqu'un d'autre dans la même situation. Est-ce que je suis davantage détachée des histoires d'abandon ? Je ne sais pas. Mais par contre quand Cyril nous parle de la haine qu'il soulève avec sa « différence », ça fait des remous en moi. Être un homme ou une femme, ça n'a pas l'air d'être encore réglé pour moi.

Synthèse pour avancer

— Il y a des points de vue différents semble-t-il, intervient Théo. Comment, justement, peut-on avancer à partir de là ? Elsa parle de brutalité dans la façon de s'exprimer, Céline de l'innocuité de l'heureuse surexcitation d'une émotion et Alex constate les dégâts quand la pièce est finie...

— On dirait que chacun ne parle pas de la même chose, suggère Cyril. Ou plus exactement pas du même moment de l'histoire. Céline, c'est le début, Alex, c'est la fin et Elsa, c'est la façon dont on la raconte. Est-ce qu'on ne verrait pas plus clair en ayant justement un peu de recul comme le proposait hier Xavier, quand il disait, si j'ai bien compris, que c'est notre attitude dès le début qui va dire comment va se passer la suite ? On essaie d'être le plus conscient possible des informations qu'on capte, mais qu'on néglige : là elle m'a menti, là il préfère être avec sa maman qu'avec moi, là il ne tient pas compte de mes goûts, là elle continue de draguer mes copains... C'est là que peuvent se trouver les signes des difficultés à venir. Quand on est amoureux, on ne voit pas tout ça, ou on ne veut pas le voir !

— Le difficile concède Elsa, c'est de ne pas céder au plaisir et au désir immédiats.

— Oui, c'est ça le dressage du cheval, renchérit Xavier. Je l'ai bu jusqu'à la lie !

— Mais ce n'est pas très fun, admet Cyril.

— N'est-ce pas ce que nous cherchons ensemble, continue Théo, comment faire mieux pour transformer ce qui ne marche pas ou fait trop mal ? Ça peut être l'occasion d'aborder un sujet qui fâche, et encore une fois, selon le nom qu'on lui donne, ça sonne super ou bien c'est presque une punition. Ça s'appelle, au choix, entraînement pour les sportifs et autodiscipline pour les autres !

Des outils pour la route

— Au fur et à mesure que nous discutons, je me pose de nouvelles questions, dit Elsa. Je me demande s'il n'y a pas une troisième voie, qui devrait faire plaisir à Cyril parce qu'elle est basée sur le « commun », entre le dressage de Xavier et l'imprégnation douce avec les circonstances que j'affectionne. C'est l'adhésion ferme aux règles qu'on s'impose à soi-même. Ça me semble être un outil précieux pour affiner progressivement nos filtres de perception : les conditionnements de notre corps, de notre affectif, de notre intellect. Chacun peut faire les réglages d'intensité qu'il choisit. Mais si on veut avancer, il faut une forte détermination à maintenir le cap, malgré les résistances.

— Ça me plaît assez ce que tu dis là, avance Alex. Pour moi, ça veut dire que j'essaie de vivre une vie cohérente entre mes valeurs, ce qui motive mes engagements et ma pratique du quotidien, les relations avec les autres. Je m'oblige à ne pas vivre dans la contradiction. Mais c'est aussi, par exemple, une discipline par rapport au temps : être à l'heure à mes rendez vous, organiser mon emploi du temps, quitter une réunion qui déborde du planning, ne pas répondre au téléphone qui va me mettre en retard... Car mon rapport au temps engage automatiquement les autres. Et particulièrement les enfants, qui ont aussi besoin de repères temporels pour se structurer. J'énonce des évidences, mais qui ne sont pas forcément mises en pratique dans notre vie. Ça me parait vraiment important d'abord de se rendre compte de toutes les informations que nous recevons dans une journée. Et qui restent à un niveau intellectuel, sans prise avec la réalité. Nous faisons comme si nous n'avions rien entendu : nous ne modifions rien dans notre mode de vie à la suite de ces infos ! Nous sommes saturés de signes, de symptômes qui nous montrent que souvent nos choix de vie sont destructeurs pour nous mêmes et notre environnement. Et je me demande ce qui peut aider à passer de la conscience du problème au changement pratique de ma vie. A cesser d'être divisé entre un mental qui dit une chose, un affectif qui vit le contraire, mon corps qui fait encore autre chose et le poids de la société qui me fait croire à des choses dont je n'ai pas besoin. L'établissement de liaisons et une authentique communication entre ces différentes composantes de ce qui me constitue est une étape indispensable pour évoluer. Je ressens pour ma part un besoin de cohérence et d'unité avec ce que je suis, pour que mes actes soient en accord avec ce que je pense. Ça débouche très vite sur la prise de conscience de mes contradictions, mais c'est ce travail d'harmonisation avec moi-même qui me paraît un préalable au souci de participer à l'unité du monde. Et ça me réjouit ! Avant de changer le monde, il faut se changer soi même !

Amélie aimerait, elle aussi, parler du temps.

— On ne voit pas le temps passer. C'est, dit-elle, le signe, qu'émotionnellement, on a été embarqué dans une histoire, agréable souvent, où on n'a plus contrôlé le temps. C'est très positif pour partager des retrouvailles, mais ça l'est moins si ça nous fait rater l'avion. C'est donc une opportunité pour gérer l'affectif, qui me chatouille si souvent. Parce que ça veut dire savoir se séparer, ne pas vouloir prolonger un plaisir qui est terminé. De grandes questions à propos de petites choses !

— J'ai un exemple d'autodiscipline, propose Céline, heureuse de participer davantage aux échanges. Xavier y a fait allusion. C'est pour arrêter de fumer, mais ça peut probablement être utilisé dans plein de domaines de notre vie. Ça, j'en ai l'expérience. Je fumais un paquet et demi par jour. J'avais essayé d'arrêter plusieurs fois. Le mieux que j'avais tenu, c'était quinze jours. Et puis rechute. Alors j'ai essayé de prendre conscience comment se passait ma journée de fumeuse. Ma première clope, allumée juste avant de me lever, pour bien commencer la journée. Et puis dans la journée, à chaque fois qu'il y avait une petite rupture de rythme : prendre la voiture, en descendre, au boulot, faire des pauses, aller faire pipi, bien sûr au moment du repas, deux ou trois avec le café, faire les courses, rentrer chez moi… Je me suis petit à petit rendue compte que ces infimes changements d'activités faisaient naître en moi une petite tension d'adaptation très passagère. Et la clope permettait de faire baisser cette légère pression, inconsciente au début. L'ennui, la solitude faisaient monter les enchères, sans aucun doute. Je me suis donc demandé, de quelles clopes je pourrais le plus facilement me passer, et à quels moments. Les plus difficiles d'emblée semblaient être la première, avant d'affronter la journée et la dernière, avant d'affronter la nuit. Et donc aux autres moments à problèmes, soit je repoussais dans le temps le moment où je serais trop en manque, soit je faisais quelque chose d'autre (bavarder avec une collègue, me remaquiller, boire un verre d'eau). J'avais d'ailleurs remarqué que le besoin « urgent » cédait en fait au bout de quelques minutes, si j'occupais ma tête à autre chose. Mais revenait bien sûr un peu plus tard, si je ne m'étais pas investie dans une occupation. Mais de moins en moins souvent. C'est aussi utile de ne pas avoir de clope à sa disposition. Donc d'être obligé de demander à quelqu'un d'autre. Surtout j'ai essayé d'écouter ce que mon corps disait. Est-ce qu'il réclamait sa dose ou bien c'était plus une habitude de gestes (la première bouffée), d'endroits (ah ! le bistrot en bas de mon boulot), de moments (le café)… Et de plus en plus souvent mon corps ne demandait rien. Et même il commençait à se sentir mieux. Je ne toussais plus, après être passée d'abord par une sérieuse aggravation quand j'avais déjà bien diminué. Je ne soufflais plus en montant les escaliers, j'ai pu reprendre la piscine avec une copine. Et pour parler comme Xavier, il me restait à dompter une à une mes habitudes. Et j'y suis arrivée. Ça fait plus de trois ans. Au début je rêvais encore que je fumais, puis ça a disparu. Et puis, j'allais oublier, c'est pourtant important : il faut savoir se récompenser quand on a obtenu une petite victoire. Être passé sous la barre des dix, des cinq, par exemple. Se faire plaisir avec quelque chose de pas toxique, qui fait vraiment du bien. Ce qui serait bien c'est de voir si la méthode est transposable ?

— Dans la mesure, suggère Alex, où nous aussi, à des degrés divers, nous sommes addicts, dépendants d'habitudes, de conditionnements, de préjugés inconscients et irrationnels, de mémoires répétitives que nous ne remettons jamais en question. Pour rester dans notre zone de confort.

— « Tous addicts », dit le toxico en chef, plaisante Cyril pour provoquer Alex.

— Donc Céline, bougonne Alex, qui n'aime pas trop qu'on le chatouille, pendant ton training de sevrage, est-ce que tu penses avoir utilisé des outils qui pourraient servir à nous débarrasser d'autres esclavages ?

Céline réfléchit :

— Ça peut être d'abord de voir l'ensemble du déroulement de la dépendance en levant le nez du guidon, en regardant comment se passe la semaine, les rythmes, les situations plus difficiles qui se répètent. Si je prends de la distance et que j'essaie de voir la situation globalement, j'ai l'impression de pouvoir mieux gérer, parce que je peux prévoir les situations à risques. C'est-à-dire que si on change un détail, on ne change pas grand chose. Pour moi, c'était réaménager mon mode de vie, mes occupations, mes centres d'intérêt, mes trajets, mon mode de déplacement. Pour ne pas simplement effacer le symptôme, alors que je maintenais ce qui l'avait produit. Un autre thème, c'est être attentive à ce qui se passe en moi-même. Me rendre compte qu'une situation me stresse, au lieu de faire comme s'il ne se passait rien, ou de prendre une clope comme je faisais d'habitude. Ça veut dire à la fois affiner ma sensibilité et me rendre compte qu'il y a tout un monde intérieur qui réagit à ce qui se passe à l'extérieur. Il peut y avoir encore autre chose. Le changement, la prise de contrôle de la situation se fait par petites touches, à petits pas. Je vois bien ça dans d'autres situations où on avance progressivement, mais à condition d'avoir le but dans notre tête et de garder le cap.

— On pourrait appeler ça développer sa conscience, commente Alex. Vivre moins instinctivement, moins inconsciemment. Si on sait ce qu'on fait, c'est plus facile de le changer dans un sens ou un autre. Et d'avoir plus de prise sur notre vie.

— Elsa, tu disais tout à l'heure que l'autodiscipline permettait d'affiner nos filtres de perceptions, tu pourrais développer, questionne Suzanne ?

— L'autodiscipline nous amène à agir sur nos habitudes inconscientes de fonctionnement, physiques, affectives et mentales, les conditionnements dont on a parlé. Améliorer c'est souvent affiner. Comme c'est nous-mêmes qui faisons le programme, nous savons quel est le domaine où il faut avancer. Par exemple, si j'ai du mal avec les gens qui me contredisent. Et bien il y a de nombreux moyens de faire avancer le problème. Je verrai que j'ai fait des progrès quand je n'aurai plus de réactions affectives du type : j'argumente, je me mets en colère, je tourne les talons... Je ne réagis plus et je garde la bonne distance. Xavier dirait : je tiens les rênes avec la juste tension. Justement, j'aimerais lui demander comment il voit les choses à propos du dressage de son « cheval ». Parce que tu ne parles pas du cavalier. Bien sûr, dans ton cas, le cavalier, c'est toi. Mais si on l'étend à tout le monde, comme c'est un peu le but quand nous réfléchissons ici ensemble, on ne devient peut-être pas cavalier sans apprentissage. Est-ce qu'il ne faut pas d'abord se préparer soi-même à faire du cheval avant de vouloir aller quelque part à cheval ?

— Oui, tu as raison. Mais j'aimerais que vous m'aidiez à l'expliquer, parce que c'est un peu compliqué pour moi de l'analyser. Vous aussi, vous avez une expérience de dressage, peut-être sans le savoir. Cyril, toi qui sens bien ces trucs-là, comment tu expliques que j'ai l'impression qu'il faut d'abord former un tout soi-même, et pas partir dans tous les sens, avant de dresser qui que ce soit.

— Je vais essayer de dire avec mes mots, répond Cyril, ce que je crois comprendre. C'est vrai, ce n'est pas facile, mais c'est important. Donc on parle du dressage du cheval. L'objectif pour le cavalier dans un premier temps est l'épanouissement de lui-même comme cavalier. Il travaille en manège, apprend à maîtriser différentes manœuvres, à changer d'allure (le trot, le galop), à effectuer des sauts… Il est dans un espace clos qui est lui-même, tourne en rond et fait corps avec son cheval. Il essaye donc de contrôler son équilibre, ses peurs, sa colère, sa fatigue et celles de son cheval. Il a d'abord perfectionné son outil et prend du plaisir à utiliser le développement de ses possibilités. Puis il va sortir sur les routes à la rencontre des autres et de l'environnement. Ne faisant qu'un avec son cheval, il va affronter des épreuves, visiter des paysages différents, des plaines et des montagnes, traverser des rivières, rencontrer des gens. Chemin faisant il apprend et se transforme lui-même en intégrant davantage les autres. Il ne voyage plus seul. Dit autrement, au début de son évolution, pour un humain, le but c'est lui-même. C'est d'explorer tous les registres qui vont augmenter ses ressources, ses compétences pour profiter de la vie à son usage personnel. C'est la période du manège. La deuxième période, c'est quand il va confronter son savoir faire, avec les autres considérés comme des égaux, en essayant d'établir de justes relations humaines. Et cela, quelles que soient les pressions sociales et les événements de sa vie. Il va falloir qu'il renonce peu à peu aux habitudes de « moi d'abord » quand ça risque de léser l'autre. Et peu à peu, contribuer dans son domaine à petite échelle, à améliorer le fonctionnement de la société.

— Tu en sais des choses, Cyril, dit spontanément Amélie.

— Je n'ai pas cette impression, car ce sont pour moi des évidences. Mais parfois c'est vrai, j'ai le sentiment d'être plus vieux que mon âge.

Être dépendant à l'intérieur ?

En se préparant à la rencontre suivante, Amélie a beaucoup réfléchi et arrive avec de nombreuses questions. La principale tourne autour de l'intervention de Céline.

— J'aimerais qu'on prenne le temps d'approfondir ce que Céline et Alex ont évoqué, les retentissements en nous de ce qui se passe à l'extérieur, parce que c'est un problème pour moi. Mais aussi le lien que fait Alex avec nos « addictions », nos dépendances. J'en retiens pour le moment, qu'on est comme une chambre de résonance qui peut soit amplifier, soit diminuer les stimulations de l'extérieur. Les émotions sont un grand amplificateur qui brouille les informations. Et ça résonne d'autant plus fort, si ça touche une blessure. Comme l'abandon dans mon cas.

— Ça voudrait dire, essaie de comprendre Suzanne, que le commencement du contrôle des émotions se passe « dans la chambre d'échos ». En faisant intervenir le mental, qui va proposer une appréciation plus distanciée de la situation. Comme lorsqu'un enfant tombe en apprenant à faire du vélo. Il s'est fait mal, il pleure, il a eu peur. On constate les éraflures, on le console et le rassure, on l'aide à reprendre sa route. Jusqu'à ce qu'il devienne autonome. Nous aussi apprenons à faire du vélo dans les relations affectives !

Cyril se situe à un autre stade du processus.

— Si j'ai éliminé tous les échos en moi, je peux rentrer en contact avec ce qui me perturbait avant sans avoir de réaction : si j'ai arrêté de boire à l'intérieur de moi, toutes les chopes que boiront mes copains à côté de moi, les odeurs qui me parviendront de leurs verres me laisseront indifférent. Sans que je n'aie aucun effort à faire. Parce que j'ai complètement éliminé en moi toute trace de ce dont je me suis débarrassé. Si je ne termine pas ce travail de nettoyage, de détachement, le peu

131

qui reste va continuer d'attirer ce qui lui ressemble et selon les circonstances va, si je suis vigilant pour dire non dès le début, finir d'aider à les faire disparaître, ou bien va me faire replonger. Et j'ai l'impression que l'élimination des traces se fait autant par la méthode du dressage de Xavier : je ne vais pas au bistrot, je n'accompagne pas mes copains à cette soirée où ils vont prendre une cuite, que par la méthode douce de Céline : est-ce que j'ai envie de boire, et pourquoi pas un jus de fruit plutôt que de l'alcool ? Si j'ai envie d'être avec mes copines, on pourrait plutôt se faire un ciné qu'un whisky.

— Nous savons plus ou moins que nous traînons tous un fil à la patte, qui nous empêche de nous appartenir, veut ajouter Suzanne.

— Mais dans notre vie c'est quoi, demande Alex ? On pourrait voir ce qui fait partie de nos dépendances dans le quotidien sans que nous en soyons conscients. En essayant pour ne pas trop mélanger, de le faire plan par plan : matériel, affectif, mental, bien que tout soit interdépendant.

Elsa veut préciser que le sens de ces questions, c'est de mieux nous rendre compte des attachements, des habitudes, des opinions qui nous empêchent d'être ouverts à de nouveaux possibles, d'être créatifs, de nous transformer nous-mêmes pour ouvrir nos fenêtres sur le monde et de participer à son évolution vers une plus grande harmonie. Apprendre à se détacher du passé.

— Donc, première étape, intervient Cyril, le matériel. J'y mettrais volontiers l'argent, le sexe, les possessions et le confort, mais aussi simplement notre corps. Si c'est mon corps qui commande, guidé par le seul plaisir, je mange trop, je dors trop, j'évite tout effort physique. Et ça se voit dans notre société en regardant autour de nous l'état physique de la population. Jeunes et vieux. Comment, par exemple, dès l'adolescence, nos corps se déforment prématurément en devenant obèses, quand le cavalier en a perdu le contrôle. Mais pour qu'on ne barjote pas trop dans la théorie et qu'on se rende compte combien nous sommes concernés sans le savoir par les dépendances matérielles, on peut se demander par exemple : jusqu'où je suis corruptible ou corrupteur ? À quels compromis pas clairs je suis prêt pour obtenir ce que je désire ? L'important à comprendre, c'est que ce ne sont pas les scandales véhiculés par les médias qui doivent me préoccuper, ni ce que font les autres, mais ce que je fais, moi, à mon niveau. L'autre jour la caissière s'est trompée en sa défaveur en me rendant la monnaie : pendant un instant, j'ai eu le choix de le lui dire ou pas.

Suzanne voudrait mieux comprendre cette histoire de corruption, car une de ses filles la préoccupe. Elle est en congé maternité et souhaite reprendre son travail à temps partiel. Mais son employeur lui a fait un pont d'or pour qu'elle retravaille à temps complet. Entre pouvoir prendre soin un peu plus de ses trois enfants en bas âge ou céder au royaume des apparences, c'est ce dernier qui l'a emporté. Elle a pourtant une vraie possibilité de choix que beaucoup n'ont pas. Pour elle, le matériel prime sur les besoins affectifs de jeunes vies en construction.

Pour Alex, la corruption, c'est ce qui nous détourne des valeurs, des principes qui représentent notre idéal de vie. C'est renier le meilleur de nous mêmes pour le plus facile, le plus séduisant, le plus offrant. Il ne s'agit pas que de l'argent. La peur aussi peut nous corrompre. Si je ne me laisse pas corrompre, je risque de perdre quelque chose à laquelle je suis attaché.

— Si on veut bien chercher un peu, suggère Elsa, est-ce que notre corruptibilité n'utilise pas simplement nos failles, nos faiblesses humaines ?

— Et le premier travail à faire, renchérit Cyril, serait d'en prendre conscience, de les appeler par leur nom, pour agir dessus et pouvoir les transformer. Cela nous concerne tous.

— On peut aussi, avance Xavier, le prendre du côté : qu'est-ce que j'accepte de perdre, sans être trop perturbé ? Ou bien être bouleversé, mais se remettre debout. Quand j'ai une décision à prendre, il y a souvent un choix à faire. Il faudrait que j'aille vivre dans une autre région, parce que ma copine y vit ou bien pour le boulot, mais je vais perdre tous mes amis, mes souvenirs. Et là, c'est encore simple, mais souvent il faut choisir face à l'inconnu, prendre le risque de lâcher quelque chose sans être sûr d'avoir quelque chose à mettre à la place. On en a déjà parlé à propos de la fin. Ne pas se tenir des deux mains. Faire confiance à la vie. J'ai beaucoup perdu de choses dans ma vie. Ça me fait me sentir parfois en état d'insécurité. Mais j'essaie de ne pas foncer tête baissée et de réfléchir avant. Et surtout d'investir dans des choses stables que je sais pouvoir retrouver si j'en ai besoin : la nature, la musique, de rares mais vrais amis. Et puis pouvoir répondre si on a besoin de moi. Ça veut dire que moi aussi, je suis stable pour les autres. Ils savent que je suis disponible et qu'ils peuvent compter sur moi.

— Tu as donc déplacé en toi, commente Elsa, les situations qui t'insécurisent vers des centres d'intérêts plus stables, mais aussi moins matériels, plus subtils. Ça confirmerait ce qu'on a déjà abordé : le matériel est fragile, changeant. C'est justement ce qu'on essaie de comprendre : comment affiner nos perceptions, pour percevoir ce qu'il y a derrière les apparences, et qui est plus stable. L'intérêt de ça, c'est de se rapprocher du centre de décision en nous qui, lui, est subtil. Avec du recul et de la sensibilité, on acquiert une vision plus globale de la situation et des solutions possibles.

— Deuxième étape, rappelle Cyril, les dépendances affectives.

— C'est bizarre, dit ironiquement Céline, ça me rappelle notre pugilat sur les amoureux !

Amélie veut préciser le cadre pour ne pas risquer un nouvel affrontement

— Dans mon expérience, une blessure affective comme l'abandon faisait que je voyais toute ma vie quotidienne au travers de ce filtre. Et je me demande si ce n'est pas un peu tout le problème du monde affectif, d'envahir, de déborder, de colorer des domaines qui ne le concerne pas. C'est chatoyant, changeant. On s'enthousiasme, on déteste, on a peur. C'est aussi le domaine des extrêmes. Et quand on devient conscient qu'on voit le monde entier à travers ces lunettes changeantes, il y a de quoi se demander où se trouve la réalité !

— Justement, ajoute Cyril, puisque tu en parlais comme un problème pour toi, est-ce qu'on ne peut pas considérer qu'être un homme ou une femme sont deux polarités opposées, qui trouvent leur possibilité de communion en se considérant comme des êtres humains tous les deux. Mais comme le niveau affectif est aussi celui des confusions, il faut d'abord avoir vraiment aimé être une femme et avoir aimé être un homme, pour que ça ne devienne ensuite qu'un habit provisoire. La différence est à respecter, mais l'important est ailleurs. Ça me rappelle un dessin humoristique américain dans lequel des enfants, garçon et fille demandaient à un squelette debout devant eux : « Are you a girl or a boy ? » Et il leur répondait : « I am dead ».

— Ça peut être l'occasion, pour clarifier le propos, de présenter les choses un peu différemment, intervient Théo. Lorsqu'un enfant grandit, il acquiert progressivement la maîtrise de ses différents « véhicules ». Il se développe globalement sur trois plans simultanément, en suivant cependant, des étapes spécifiques. Il s'approprie d'abord l'habileté physique, la marche, puis une meilleure gestion de son affectivité, parvient à l'âge de raison, traverse la grande récapitulation de la puberté et tout au long de ces acquisitions, il développe ses facultés intellectuelles. Il y a une analogie avec ce processus pour ceux qui sont concernés par un contact progressif avec leur identité spirituelle intérieure. Cela se passe aussi dans le même ordre : physique, affectif, mental, avec une avancée sur les trois plans, mais avec une très nette dominante dans un domaine, selon l'apprentissage prévu dans telle incarnation particulière, selon le stade évolutif où se situe la personne. Par exemple, on peut supposer que quelqu'un qui se prépare à passer les épreuves qui lui permettront ensuite de contrôler son monde émotionnel, aura une vie particulièrement chahutée dans le domaine affectif. Son apprentissage a commencé longtemps auparavant dans d'autres vies. Il constate après avoir franchi cette étape, un peu étonné, une nouvelle stabilité émotionnelle, qui change énormément son quotidien. Il peut désormais globalement considérer qu'il est parvenu à contrôler 51% de son monde affectif. Il est donc toujours sensible et même vulnérable dans ce domaine, mais si la situation l'exige, il est capable de rétablir l'équilibre. C'est un processus énergétique. Il y a à ce moment, une très puissante descente d'une énergie supérieure, venant de nôtre identité spirituelle intérieure qui stabilise le plan de conscience concerné. On pourrait le comparer à ce que fait un potier. Lorsqu'il a donné forme à son œuvre et fini de tourner l'argile, pour lui donner stabilité et résistance à l'usage, il reste à la cuire dans un four. C'est ce qui se passe pour nous, lors de ces vies charnières particulièrement difficiles, où nous franchissons un cap. La paix s'installe alors durablement dans ce domaine. Mais ça pourrait être utile de mettre au clair cette histoire de « contrôle » du plan matériel, affectif, mental. Ça veut dire pouvoir résister – au prix d'un effort volontaire ou bien automatiquement, selon l'entraînement que nous avons acquis, au cours de nos précédentes vies – à l'attraction de ces différentes « apparences » éphémères du monde. Ça concerne donc nos appétits de possessions matérielles ou sexuelles, nos désirs de reconnaissance, d'affection, de pouvoir, notre fascination pour des idées, des opinions, etc. Ce contrôle du niveau matériel et affectif se fait grâce à notre mental qui permet de prendre du recul par rapport aux situations, de relativiser ce qui aurait tendance à envahir notre conscience. Mais à ce stade, ce n'est pas lui qui véritablement contrôle, mais il est l'outil par lequel, notre identité spirituelle intérieure commence à se manifester. Puis c'est elle qui va, à son tour, prendre le contrôle du mental. La progression du contrôle se fait en allant du plan le plus dense jusqu'au plus subtil : physique, affectif, mental. C'est en arrivant à mi-chemin d'un plan que se produit un basculement qui fait que rien ne sera désormais plus comme avant : si nécessaire, il sera désormais possible de dire non, si les enjeux sont trop importants et menaçants pour les autres. L'important à expérimenter est la transformation ressentie : on ne savait pas faire du vélo et, tout d'un coup, on tient en équilibre ! La lutte permanente cesse, produisant une grande libération intérieure et un apaisement inconnu jusqu'alors. Des brouillards se sont dissipés, rendant accessibles de nouvelles énergies. Le plus important étant de pouvoir partager ses acquis avec les autres et leur en faire profiter, s'ils le souhaitent. Tout en restant silencieux sur son cheminement intérieur. Tout cela demande de très nombreuses vies.

Cyril, qui a un intellect bien organisé, poursuit son plan et propose :

— On pourrait essayer de débroussailler maintenant la troisième étape : les dépendances mentales.

— Avant de parler de dépendance, l'interrompt Alex, je dirais qu'à ce niveau là, le problème c'est le vagabondage incessant des pensées, c'est d'être envahi en permanence par un flot de pensées involontaires qui se bousculent et perturbent notre faculté de concentration.

— Fidèle à ma méthode de dressage, en voulant l'appliquer à la méditation, enchaîne Xavier, j'ai longtemps cru qu'il fallait faire la même chose avec les pensées. Eh bien, pas du tout. Ce qui m'a réussi, c'est plutôt d'établir un état d'observation qui simplement prend conscience de ce qui est observé : objets, pensées, sans chercher à retenir ce qui est perçu. J'ai commencé par observer ma respiration. Et c'est pratique, parce que c'est toujours là, stable, présent. C'est un point fixe auquel on peut revenir quand les pensées nous ont entraînés ailleurs. Petit à petit, s'est installé en moi, comme une possibilité de « débrayage » : les pensées ne s'enchaînent plus les unes aux autres. Ça me fait penser à ce que tu disais, Théo, à propos de l'indifférence. Je constate les pensées qui passent, mais ça ne me concerne pas. Elles ne peuvent plus s'accrocher quelque part parce que je suis en roue libre ! J'ai débrayé. Je suis au point mort. Et du coup, ça crée en moi une possibilité d'espace silencieux.

— L'étape mentale est particulière, fait remarquer Théo, car il faut en même temps calmer la vadrouille des pensées et aussi entraîner la personnalité à cesser de se mettre en avant et de vouloir tout diriger. Et transférer progressivement les commandes à notre identité spirituelle à l'intérieur.

— J'ai l'impression que ça a des rapports avec l'utilisation du pouvoir, ajoute Xavier.

— En effet, confirme Théo, ça doit faire partie d'un des apprentissages les plus difficiles auxquels on est confrontés. C'est un gros morceau à transformer : apprendre à lâcher le pouvoir, pour savoir s'en servir de façon désintéressée. D'ailleurs on voit que le commencement de la mise au pas des outils du pouvoir se fait dès l'étape matérielle. Tout peut s'acheter, peut-on penser à ce stade. Si avec de l'argent je peux acquérir ce que je veux, c'est que je suis quelqu'un de puissant, d'important. Des maisons, des voitures, du sexe, une position sociale... A l'étape émotionnelle, ce qui compte, c'est être aimé, apprécié, écouté. Entre alors en jeu, tout le réseau des dépendances affectives. Et celui qui est en relation avec quelqu'un qui lui est attaché, a pouvoir sur lui. Et il doit donc savoir en user sans excès. Autant dans les domaines familiaux, professionnels que relationnels. Sinon, c'est un abus de pouvoir. Quand vient le temps de l'étape mentale, les ressources intellectuelles doivent être mises au service des autres. Simultanément la personnalité, riche de compétences diverses, développées au cours de nombreuses vies, apprend à s'effacer. Ses acquis lui sont progressivement retirés. Les innombrables petites pertes subies au cours de tant de vies, l'ont préparé à lâcher les amarres. Ce n'est plus moi qui mène la barque, mais la Vie qui va prendre le relais. Cette période est souvent évoquée de façon un peu dramatique, car ça touche aussi notre identité. Car perdre une illusion peut être très déstabilisant. Avoir cru en quelqu'un, dans un idéal, un parti, un projet, qui un jour s'avère être une erreur aux conséquences parfois funestes peut amener une profonde remise en cause de ce qui avait été notre raison de vivre. Il se peut que nous ayons entraîné dans nos croyances d'autres personnes sur lesquelles, on avait un ascendant, un pouvoir d'émulation et de persuasion. C'est également, d'un autre point de vue, un moment délicat, car l'individu qui le traverse devient conscient du chemin parcouru. Il déjoue plus facilement les pièges que ses attachements passés lui tendaient et risque maintenant de s'identifier à ce pouvoir d'avoir à sa disposition des outils plus fiables. Il est bien connu que c'est là où on se croit fort que se trouve notre principale faiblesse. A ce stade, ce n'est plus la souffrance de la perte qui prime, car nous avons assimilé la faculté, latente en nous-mêmes, de nous détacher des possessions acquises. C'est plus une période de perte d'identité et de repères. Nous sommes en train de devenir quelqu'un d'autre. Cette étape mentale est également un peu compliquée à analyser, car elle a deux composantes. Le mental devient une sorte de projecteur orientable. D'un coté, il peut être vu comme un outil à maîtriser pour que les pensées deviennent disponibles à la demande et cessent leur sarabande. Il devient alors un puissant moyen de compréhension et d'analyse. D'autre part, il peut changer la provenance de son contenu en se branchant sur notre identité spirituelle intérieure et retransmettre ce qu'il y a capté. Il contribue alors à éclairer les illusions dans lesquelles nous baignons habituellement.

Théo aimerait aussi aborder à ce stade, la notion d'intuition qui commence à se développer au cours de l'étape de contrôle mental.

— Le mot est employé ici dans un sens différent de ce qu'il est d'habitude. Il faudrait en inventer un autre, car ça prête à confusion ! Cette intuition là, est en fait un nouvel outil qui s'installe petit à petit, au fur et à mesure que le mental instable et versatile est contrôlé et commence à devenir silencieux. Ce n'est pas le mental qui utilise une de ses compétences comme l'analyse, l'analogie, la synthèse. C'est, à la place du mental, l'utilisation d'un autre moyen de perception et de compréhension. C'est une faculté de saisir immédiatement et globalement une situation ou d'entrer en contact avec l'ensemble d'une personne, au delà des apparences, sans qu'une analyse rationnelle intervienne. Cela permet une appréciation synthétique instantanée des circonstances, sans les brouillages habituels de nos émotions et de nos pensées. La possibilité de l'expression de cette intuition, témoigne qu'un pont a été construit entre la conscience ordinaire et notre identité spirituelle intérieure. Les connaissances et l'inspiration de ces niveaux plus élevés de conscience commencent à devenir utilisables.

Réparer

Quand l'écho du passé semble ne jamais finir

Xavier était resté un peu sur sa faim, par rapport aux questions qu'ils avaient posées avec Amélie. En quoi mon passé lointain continue d'influencer subtilement mon quotidien d'aujourd'hui ? Les suggestions du groupe étaient intéressantes, mais ne répondaient pas à ce poids qu'il sentait en lui.

Aussi il avait demandé à Théo d'avoir avec lui une séance individuelle.

— Je préfère parler de ça avec toi tout seul, parce que je crois qu'il va falloir encore que je me mette les tripes à l'air ! Je t'en ai déjà parlé, j'ai un problème avec les filles : je débande très vite. Et puis j'ai un besoin frénétique de me branler depuis des années. Il y a une tension terrible en moi qu'il faut que j'évacue comme ça ! J'ai essayé de contrôler, très souvent, mais je n'y arrive pas. Celui-là de cheval, il est complètement sauvage, indomptable !

Théo est très attentif. Il souhaite aborder le problème, avec tout ce qu'il connaît et sent de Xavier.

— Et si tu me parlais de la place de la peur dans ta vie, Xavier ?

— La peur ? En principe, j'affronte, j'ai les muscles pour ! Mais depuis que je me pose des questions sur moi-même, je me suis rendu compte qu'à la suite des coups reçus pendant mon enfance, j'ai l'impression d'avoir été détruit, massacré. Mais être détruit, ça ne date pas seulement de mon enfance. C'est ce que j'avais vécu au Vietnam, dans une vie passée, quand on m'avait torturé et coupé les couilles. Là également, j'avais été nié comme mec, mais j'avais aussi ressenti que je n'étais plus rien. Pour la façade, je suis comme tout le monde. Mais face à de très grosses agressions de la vie, j'avais tendance à disparaître. A la suite du travail avec toi, j'ai commencé à ressentir ma peur, ma peur d'être détruit. Avant je me sentais d'abord disparaître. La question de la peur ne se posait pas encore. Tu vois, quand je me branle, j'ai un fantasme qui revient souvent et qui m'excite : c'est une fille que plusieurs mecs violent brutalement ou bien c'est moi qui me fait violer avec violence. C'est vrai que ça a « un peu » de rapport avec mon passé lointain ! Violer et être violé, c'est comme être détruit. C'est l'instant où il y a une saturation de ce que je peux absorber émotionnellement. C'est insupportable au comble de l'excitation. Et c'est pour ça que je reviens tout le temps au moment où je disparais, quand je ne peux plus assimiler. Comme les gens qui s'arrêtent sur le bord de la route quand il y a eu un accident pour regarder avec fascination le massacre. Je suis à la fois à la recherche d'une accumulation d'excitations que je ne maîtrise pas et qui deviennent insupportables, suivies d'une décharge sexuelle qui me soulage très provisoirement. Parce que très rapidement la tension revient. Et il va falloir recommencer ! Être détruit, être violé, violer, m'exciter, me branler, décharger la tension… et recommencer !

— Avant qu'on démarre, propose Théo, je te rappelle un rêve que tu m'avais raconté et qui décrivait peut-être le début de ton travail intérieur : dans une petite pièce, on ramenait le corps d'un jeune résistant d'une vingtaine d'années, qui venait d'être fusillé. Il était entouré d'une couverture ensanglantée. Tu écartais d'un geste ton jeune frère pour qu'il ne soit pas traumatisé à la vue des impacts des balles sur le corps, quand tu enlèverais la couverture. Mais au bout de peu de temps, tu avais vu le cadavre cligner des yeux. Très surpris, tu étais parti dans la pièce d'à côté, dire à une infirmière : il est en train de se réveiller ! Elle avait failli tomber dans les pommes. Le jeune « mort » s'était doucement relevé. Son bras restait paralysé du côté gauche. S'il s'agit de toi, tu as effectivement le sentiment d'avoir été détruit, massacré. Mais il y a aussi en toi la force de la vie qui reprend le dessus. Avec de petites séquelles dont on est en train de s'occuper à présent. Maintenant, on va reprendre ce que tu viens de dire. Est-ce que tu peux prendre le temps de revoir dans ta tête, toutes les images des fantasmes violents que tu viens de me raconter ? En restant le temps qu'il faut, avec chacune d'elles et me les commenter lentement. En étant attentif aux émotions qui viennent et de faire comme si tu voulais lentement les absorber, en respirant tranquillement et profondément.

Xavier avait fait à nouveau défiler devant ses yeux toutes les scènes brutales de lutte au corps à corps avec la bête déchaînée. Avec légèrement plus de distance que lors de son premier récit. Théo intervenait peu, car Xavier avait depuis le temps bien assimilé la marche à suivre. Son visage traduisait une profonde tristesse et des larmes parfois perlaient à ses paupières.

A un moment donné, il avait eu l'impression d'être assis à califourchon, jambes pendantes, sur une grosse barrière qui délimitait à gauche, la zone où, ayant été détruit il disparaissait, et à droite, la zone où il était encore vivant et envahi par la peur. C'était son corps qui faisait le lien entre les deux territoires. En restant dans cette position, un regain d'air et de vitalité avait alors envahi sa poitrine. Quelque chose s'était libéré. Il avait laissé cette sensation circuler et se diffuser dans toutes les parties de son corps.

Quelques jours après, en arrivant juste avant la réunion suivante du groupe, il avait chaudement étreint Théo, en l'entraînant à l'écart.

— Devine ! Je n'y crois pas. Depuis qu'on s'est vu, je ne me suis pas branlé une seule fois ! Ça ne m'est pas arrivé depuis des années. Sans effort. Même pas de fantasmes. Et ça se passe mieux avec ma copine. Je suis trop heureux, mais aussi très prudent. Je voudrais qu'on se revoie dès que tu peux, pour en parler. Si ça se trouve, c'est ça qui va me traumatiser, d'être face à l'impossible qui s'est réalisé ! Je ne m'y habitue pas. Il s'étonnait de pouvoir commencer à plaisanter sur un sujet qui avait été sa honte de tous les jours depuis si longtemps.

Ils s'étaient donc retrouvés en tête à tête, quelques jours après.

Xavier était déstabilisé par la disparition soudaine de quelque chose qui avait envahi son temps et sa vie depuis son adolescence.

Théo voulait relativiser.

— Ça ne se passe pas toujours comme ça, tu sais, c'est rarement si rapide. Mais je me réjouis autant que toi !

— C'est fou, répétait Xavier, il y avait une montagne devant moi et maintenant c'est une taupinière !

— C'est, en tout cas, une preuve encore pour toi de la puissance de transformation que nous avons en nous. Mais je sais que tu en es convaincu. A partir de là où nous en sommes, même dans une situation merdique, nous pouvons avancer encore. Ton travail pourrait nous aider à comprendre que l'influence d'un passé lointain, est d'abord reprogrammée dans le scénario de notre enfance, puis au cours de notre vie, on joue la pièce, avec des périodes d'improvisation plus ou moins longues. Lorsqu'on commence à marcher sur le chemin intérieur, c'est-à-dire, si on le traduit dans le langage de Xavier, quand il y a un cavalier et un cheval obéissant, alors on peut essayer de guider l'évolution des événements vers un mieux au bénéfice de tout le monde et apprendre de nouvelles choses. Pas à pas. C'est ce qu'on a essayé d'aborder en groupe à propos des conditionnements et on a vu qu'on était prisonniers de nos habitudes : de vivre, d'aimer, de penser et de mourir. Et on pensait que ces habitudes, c'était nous-mêmes. Et qu'il était nécessaire de les remettre en question.

— Pour moi, c'était plus qu'une habitude, mais bien plutôt un esclavage.

— Oui. Bien sûr, c'est extrême et caricatural. Et le fait d'avoir affronté le problème te permet de faire un grand pas en avant, parce que tu vas voir que toutes tes relations avec les autres, en général, vont être modifiées. Quand on n'a plus de chaînes aux pieds, on marche différemment. Mais comme dit Alex, on est tous addicts, dépendants de ce qu'on ne peut pas encore quitter sereinement... Et, comme tu viens de l'expérimenter, ce qu'on voit dans tous les domaines comme une montagne est en fait souvent, une taupinière. C'est l'attachement et la peur du changement, de l'inconnu, qui forment la montagne. On ne le réalise que quand on est passé de l'autre côté de la montagne ! Ce qui nous permet après d'être libres pour aller plus loin, pour l'étape suivante.

— J'aimerais revenir un instant sur mon travail, Théo, parce qu'il y a eu un moment clef, dont le sens pourrait servir aussi à d'autres. C'est quand j'ai pu comprendre que les fantasmes de viol qui m'excitaient aujourd'hui dans ma tête, étaient la répétition, transposée et « allégée », des destructions que j'avais subies dans le passé dans la réalité matérielle. J'étais comme coupé en deux, une partie de moi était morte et inerte, et donc ne pouvait que subir. J'avais besoin de répéter sans fin ce qui me détruisait, parce que ça m'excitait. Ce sont des émotions trop fortes que d'être massacré. Il faut évacuer ailleurs. C'est le fait d'avoir eu le courage de regarder le cadavre meurtri, comme dans mon rêve, qui m'a permis de réveiller la vie en lui. Mais ce n'est pas si facile d'admettre qu'on a été détruit… Admettre pas seulement dans sa tête, mais avec tout son être. Une fois admis, le travail n'est pas fini. Il faut prendre le temps d'assimiler. J'ai envie d'aller plus loin, là, maintenant. Quand je suis sur la barrière, ça me permet de transformer le massacre traumatisant, qui arrête la vie, en quelque chose d'assimilable, qui permet à la vie de redémarrer. Pour sortir de la répétition qui tourne en rond. Mais comment je fais pour assimiler ? J'ai l'impression d'être envahi par une trop grande quantité de forces destructrices qui me font disparaître. Est-ce que tu pourrais, Théo, m'expliquer avec tes mots ce qui se passe en moi ? Ça m'aide à devenir davantage conscient, mais je n'ai pas toujours le vocabulaire. Je ressens terriblement les choses, mais je n'ai pas toujours les mots pour dire ce que je vis.

— Je vais essayer, Xavier, mais arrête moi, si je parle charabia ! J'ai l'impression que tu as commencé à faire ce travail depuis un certain nombre de vies. Intuitivement, tu as trouvé deux façons de l'aborder. On pourrait dire, qu'il y a d'abord un problème de quantité : ce sont tes gros morceaux. Et il y en a plusieurs. C'est le nombre des traumatismes qu'il faut que tu transformes au fur et à mesure, en les séparant et les abordant l'un après l'autre, pour diminuer leur charge. Quand tu as été torturé au Vietnam, il te fallait affronter plusieurs souffrances : la tête sous l'eau, tu étais au bord de l'asphyxie à répétition, ton corps était roué de coups, ta main était devenue une plaie ouverte par les bambous sous tes ongles et ça a fini en t'arrachant les couilles. Toutes ces souffrances doivent être maîtrisées une à une. Puis tu as été violé à plusieurs reprises. Mais il y a aussi un problème de qualité : il te faut aussi, bien comprendre la nature de ta blessure. Est-elle davantage physique, affective ou mentale ? Ce n'est pas pour le plaisir de les mettre dans des petites cases avec des étiquettes, mais tu sais que pour être efficace, il faut utiliser le bon outil pour neutraliser ce qui détruit. C'est comme pour éteindre un feu, selon sa nature, il faut utiliser de la poudre ou de l'eau ou bien de la dynamite, si c'est un puits de pétrole qui brûle ! Le point commun à ces agressions, c'était à chaque fois la négation de toi même en tant qu'être humain : c'est ce que tu avais fait subir aux autres ! Mais à chaque fois c'était une des composantes de ta personnalité, un niveau différent de toi-même qui était touché. Physique, affectif ou mental. Être violé, c'est une agression physique, mais c'est aussi des émotions d'impuissance, de peur, de dégoût de soi, de haine et mentalement d'être sali à jamais, d'avoir perdu son identité humaine. Et, bien sûr, il faut après l'intégrer dans ta tête et pouvoir te le représenter à l'intérieur de toi même. Puis le partager avec un autre être humain.

Xavier confirme :

— J'ai l'impression que c'est plus facile, si je sens que je peux partager ces souffrances avec d'autres qui ont vécu des choses semblables. Pas pour me faire plaindre, ni pour me venger, mais pour ne pas être seul.

— Je voudrais insister, précise Théo, sur l'importance de ce que tu dis à propos de la destruction et le fait de « réveiller la vie ». Les enfants l'ont bien compris, quand ils jouent « pour de rire » à faire le mort : ils deviennent immobiles. Quand on est détruit intérieurement, le temps et le mouvement de la vie s'arrêtent. Le processus d'assimilation, de « digestion » est stoppé, bloqué. On est en deuil d'un soi-même comme quelqu'un de respectable et qui puisse être aimé. On est devenu un objet qui subit et n'a plus d'initiative sur sa vie. Tes fantasmes, aussi violents qu'ils aient pu avoir été, avaient probablement un rôle de protection, en t'évitant d'avoir à changer d'identité. Ce que tu n'avais pas les moyens affectifs de faire jusque là. De t'autoriser à devenir quelqu'un d'autre. Après, quand ça devient possible, il va falloir remettre en marche le flux de la vie en soi, principalement par l'imagination créatrice, capable de transformer la réalité. Et par l'exploration de tous les possibles constructifs. Avec ou sans thérapeute. Ce qui est compliqué, c'est qu'il ne faut pas regarder le cadavre trop tôt, pour tenter de le réanimer. Dans ton rêve, tu écartes ton jeune frère, pour qu'il ne soit pas confronté trop vite à la destruction. Un processus de maturation est nécessaire, pour commencer d'affronter l'irreprésentable. Pour l'infirmière, c'est la possibilité d'un retour à la vie qui est également traumatisant. Regarde les survivants des camps ou des carnages. Ils mettent des dizaines d'années avant de soulever le voile ou souvent, ils ne peuvent pas. Certains ont la chance de faire des rencontres qui les aident peu à peu, indirectement à se reconstruire. Indirectement, parce que c'est tellement fragile et délicat, que ça peut casser facilement, si on l'aborde de front. Ça dépend des opportunités et des soutiens de reconstruction qui se présentent. Ou bien, ça prend des vies, comme pour toi, quand il y a une accumulation de traumatismes. Mais là, tu l'as fait au bon moment. Et tu es la preuve qu'on y arrive. Il y a aussi un autre niveau de destruction méconnu, car occulté dans notre société. Ce sont les destructions invisibles. Elles sont négligées, parce que non spectaculaires. Ni génocides, ni viols collectifs. Cette violence destructrice dans laquelle baignent les humains sans s'en rendre compte. Une violence ordinaire, imposée à ceux qui sont vulnérables, principalement les femmes et les enfants dans le monde entier. Et qui s'impose aussi en Occident par l'exposition aux médias et aux écrans sans filtres. Cette violence banalisée des rapports sociaux, la violence dans les familles... Qui entraîne la violence en réponse... Je reviens un peu à ce qu'on a évoqué tout à l'heure, à propos du moment de ton travail où tu es à califourchon sur la barrière, car me vient à l'esprit une autre notion, dont tu me fais prendre conscience. La barrière est bien sûr d'abord une séparation, un obstacle qui empêche de voir et de communiquer avec ce qu'il y a de l'autre côté. Mais c'est aussi un lien à partir du moment où tu es dessus et vois les deux côtés. Je sens qu'il y a là quelque chose d'important, mais que j'ai du mal à formuler clairement. Ça se situe plutôt au niveau symbolique. Ce qui sépare, peut aussi relier. Est-ce que c'est parce que tu l'abordes d'un point de vue plus élevé ? On pourrait dire que tu as changé de niveau de conscience, tu as effectué une transmutation de tes perceptions premières. Le travail que tu as fait n'est pas d'abattre la barrière, mais d'intégrer les deux parties, de permettre l'unité. Tu marches, sur le fil du rasoir entre deux dualités.

Dépendance, obstacle, pas suivant ?

Chaque échange est pour Théo source de nouveaux questionnements. Il souhaite avancer en les partageant avec le groupe.

— Depuis qu'on évoque ces questions de dépendances, je cherche à comprendre s'il y a des liens utiles à faire entre, d'un côté les dépendances majeures des addictions, avec le besoin de répétition qui les accompagne et de l'autre côté, les répétitions auxquelles on est confrontés au cours de notre évolution, le temps qu'on ait assimilé la tâche à effectuer. Dans les deux cas il s'agit de la conquête de davantage de liberté, d'autonomie. Est-ce que vous avez des idées sur la question ?

— Il me semble qu'il y a dans les deux cas une exigence de lucidité avec soi même, suggère Alex. Premièrement, devenir conscient du problème, voir que c'est un problème et ne pas se raconter une histoire en disant, je contrôle, alors que ce n'est pas vrai. Et deuxièmement, affronter l'obstacle, qui est d'abord trop gros et qui nous oblige à l'aborder à petit pas, à y revenir souvent et pendant longtemps.

Cyril relève :

— Il y a aussi un mot qui a été prononcé par Xavier et Théo, qui pourrait faire le lien entre nos répétitions de la vie et celles de nos blessures. C'est le mot esclavage. Ça peut vouloir dire qu'on a perdu le contrôle de notre vie ou qu'on ne l'a pas encore acquis.

Elsa se demande si, grâce aux « progrès » qu'on a faits, de vie en vie, en se retrouvant devant le même problème dans la vie suivante, on est capable de donner un autre type de réponse. Cela permettrait de sortir de la répétition. Ce qui voudrait dire qu'il est indispensable de modifier un petit quelque chose pour avancer.

— Ça nous ramène à ce que je disais à propos de la mort dans le traumatisme, poursuit Xavier. Prendre conscience qu'on est mort, est la première étape pour revivre, parce que c'est paradoxalement la première expression de la vie. C'est le petit quelque chose. C'est prendre une première distance avec cet état de sidération, qui nous a fait perdre tout pouvoir sur notre vie. On voit le cadavre, mais ce n'est plus complètement nous : il y a quelqu'un qui l'observe de l'extérieur. Mais la prise de conscience doit se faire aux trois niveaux. Pour sortir de cette paralysie physique, affective et mentale. Et là, on peut être aidé par les autres, très discrètement. Et donc chaque petit pas va faire avancer l'ensemble.

Théo souhaite rappeler son deuil norvégien : ce n'est pas le tout d'avoir conscience de ce drame intellectuellement, il faut l'assimiler aussi affectivement. Pour que le traumatisme cesse d'influencer le présent. Et que son besoin addictif de soigner, à cause de la mort de ses enfants dans un incendie, 150 ans auparavant, redevienne une simple empathie par rapport à la détresse humaine. Il semble en effet n'avoir pas pu mener à bien un travail de deuil. Peut-être parce que des destructions antérieures résonnaient encore en lui. Il a évacué sa douleur insupportable en se suicidant. C'est-à-dire qu'il a supprimé le problème, en supprimant celui qui souffrait. Ce qui humainement peut complètement se comprendre et susciter notre compassion. Car cela devait dépasser ses capacités d'assimilation à l'époque. Il avait dû continuer le travail de transformation au niveau affectif et mental, lors de sa ou ses vies suivantes. Ne restait que cette trace de transmutation non terminée du traumatisme : avoir besoin de soigner à tout prix.

— Assimiler, transformer, évoluer, ce sont des mots qui reviennent souvent dans nos échanges, constate Cyril.

— Est-ce que chacun, suggère Elsa, n'a pas un style, des moyens différents pour prendre de la distance avec ce qui nous empêche d'avancer ? Et qui serait en partie lié avec les outils qu'il s'est forgés à l'intérieur de lui-même. Rester indifférent, quand il s'agit du plan matériel. Puis transformer, quand ça concerne les émotions ; par exemple transmuer le désir en amour. Ensuite pouvoir discerner le vrai du faux au niveau mental, en faisant le tri dans la sarabande des pensées involontaires. C'est l'aspect instable et obligatoire qui pose problème. Mais, ayant acquis le contrôle de ces instabilités, il devient possible d'utiliser ces richesses avec cohérence au service d'un projet utile à l'ensemble. Il faut l'habiller avec l'efficacité matérielle, avec la motivation et l'attrait affectifs et avec la conscience qu'il y a un sens au point de vue mental.

— Je voudrais reformuler tout ça pour tenter de mieux comprendre, dit Théo. Nous sommes esclaves, aussi bien dans le cas d'une addiction, que dans nos répétitions du quotidien. Le but est donc la conquête de la liberté. Dans un sens large, nous sommes dépendants de nos conditionnements, de nos habitudes tant qu'on les subit sans s'en rendre compte. Tant qu'on les considère comme étant notre identité. Or nous sommes nécessairement conditionnés. Y a-t-il un point de vue, un état de conscience où tout cela est perçu avec du recul ? On répète parce qu'on n'arrive pas à assimiler la situation. La difficulté vient autant de la trop grande taille de l'obstacle, de l'attachement au passé non terminé, que de la difficulté à employer de nouveaux outils pour effectuer les transformations. La force de vie semble ne pas avoir prise sur la réalité quotidienne. Il va donc falloir l'aborder de façon fractionnée pour la rendre assimilable. Ce n'est pas l'obstacle qu'il faut changer, mais nous-mêmes. C'est le travail que fait Xavier, lorsqu'il parvient à sortir de son identité répétitive d'humain détruit, par la parole et la représentation dans sa tête de ce qui s'est passé. Il passe du traumatisme affectif à une possibilité de mise à distance en développant sa conscience. Il peut alors redevenir vivant et rejoindre la communauté des hommes. La vie circule à nouveau en lui. Assimiler, c'est faire un pas suivant, c'est évoluer. C'est devenir quelqu'un d'autre. Un gros morceau, c'est à la fois beaucoup de choses à changer, mais aussi des choses nouvelles, qu'il faut apprendre, apprivoiser. En utilisant trois techniques principales, suivant nos acquis à disposition. L'indifférence pour le plan matériel, la transmutation pour le plan affectif, et le discernement pour le plan mental. L'indifférence n'est pas seulement l'absence de réactions aux sollicitations de l'extérieur. C'est la construction en soi-même d'une détermination permanente qui provoque le rejet automatique de ce qui n'est pas demandé, sans aucune concentration sur ce qui est rejeté. Ce qui se présente à nous, n'éveille aucun désir, aucun écho... C'est un détachement de l'avidité à posséder. Non seulement, ne pas s'intéresser à ce que propose la pub, mais ne pas la voir, ni l'entendre. Ne pas se sentir concerné par les avantages et les facilités dont mon voisin bénéficie, si je suis bien dans ma vie. Il n'y a plus besoin de faire des comparaisons. Je poursuis ma route, selon mon code de choix intérieurs, fidèle à mon échelle de priorités. C'est à terme la disparition en moi, par un processus de détachement volontaire, de tout ce qui est semblable à ce qui m'attirait autrefois : je fais le deuil de ce qui est en moi. Et donc, il n'y a plus rien qui puisse faire écho, résonner en moi. Mais il y a donc un vrai travail de transformation intérieure pour que l'éventuel souvenir du passé soit devenu totalement neutre et paisible.

La transmutation n'est pas simplement un changement de comportement. C'est une modification de la qualité des matériaux utilisés. Xavier sort de sa position de victime impuissante, qui répète les faits, pour accéder à penser les événements, se les représenter dans sa tête, les exprimer à l'extérieur pour rentrer en communication avec les autres humains. Il a progressé dans la conscience de ce qui s'est passé. En passant d'une position passive vers une prise en main progressive de sa vie. La transmutation, c'est par exemple, utiliser l'énergie que l'on met habituellement dans les rapports sexuels en une autre forme d'activité créatrice, de réalisation artistique, sociale, collective C'est également amener une solution, une avancée par rapport à une situation bloquée. Mettre en place quelque chose qui circule englobant les différents points de vue sur un point plus élevé de la spirale. On pourrait aussi parler de transmutation au point de vue collectif en remettant en question l'idéologie dominante de la croissance économique et de la multiplication des biens matériels pour transposer ces ressources au service d'une croissance intérieure des individus et du développement de la qualité des relations humaines.

Le discernement serait de savoir faire la différence entre ce qui passe et ce qui dure, entre l'essentiel et le superflu, entre ce qui nous pousse vers le haut et ce qui nous tire vers le bas, entre ce qui divise et ce qui unifie. En prenant conscience de ce qui filtre nos perceptions et déforme l'évaluation que nous pouvons faire des situations. Apprendre à déceler la présence de la continuité et de l'unité au sein de la multiplicité et du chatoiement des apparences. Cela devient possible au fur et à mesure que diminuent nos bruits intérieurs. C'est-à-dire la fluctuation incessante de nos désirs et de nos pensées. Il est alors plus aisé de faire des choix en fonction d'une hiérarchie de valeurs, que nous avons peu à peu construit à l'intérieur de nous.

Elsa souhaite aborder les dépendances comme une opportunité de croissance.

— Nos attachements ne pourraient-ils être aussi un support de transformation ? La lutte acharnée menée pour gagner en autonomie par rapport à une dépendance bien identifiée, ne peut-elle nous amener en même temps à nous détacher d'autres liens qui nous empêchaient également d'avancer. Le travail d'évolution serait alors de maîtriser peu à peu toutes les petites dépendances qui nourrissent le symptôme visible, évident. Qui est le plus souvent, comme on l'a vu avec Xavier, une soupape et une tentative de guérison d'une blessure intérieure. Ce n'est même pas forcément le fait d'être parvenu au but qui importe, mais d'avoir transformé l'outil de perception du monde à l'intérieur de soi. C'est d'avoir fait un pas en avant. Si on le dit autrement, une personne, vue de l'extérieur, peut-elle être balafrée, handicapée, garder des traces visibles de ses souffrances passées, tout en s'étant transformée en quelqu'un d'autre intérieurement ? Peut-elle même conserver quelques comportements aberrants, tout en s'en étant intérieurement détachée ? Être une personne neuve qui continue de mettre ses vieux habits élimés ?

La nuit suivante, Théo fait un rêve. Il est chargé d'établir sur la carte d'une ville, le plan des correspondances entre le réseau des bâtiments et des rues qui se trouve à la surface et le réseau des communications souterraines comme les égouts, les passages de l'électricité, du gaz, les arrivées de l'eau. Il travaille avec une équipe et fait des allers-retours sur le terrain, entre le dessus et la profondeur. Il s'attarde un moment auprès d'un escalier provisoire qui donne accès aux réseaux de communications sous la surface. Il est creusé près de l'emplacement d'un arbre où l'on voit particulièrement bien le prolongement de ses racines sous la terre. Il y a des points bien identifiés, où il est plus facile de faire la liaison entre ce qui est en haut et ce qui est en bas. Il semble qu'il soit important de bien mettre en évidence le réseau des correspondances entre la vie du dessus et celle des profondeurs. Le monde souterrain garde sa cohérence, de même que les liens de la vie à la surface gardent leur unité. Une perspective globale suggère la complémentarité des échanges de l'ensemble, mais elle n'est pas assez visible.

— On pourrait voir dans ce rêve, l'illustration de ce qui est abordé en filigrane dans nos échanges, à savoir la complémentarité des deux moitiés de la sphère : le monde du concret et des apparences et le monde sous-jacent subtil et porteur de sens. Le rêve aborde peut-être aussi l'énigme des dualités et des clivages, si souvent approchée par des allusions au cours de ces rencontres, principalement au point de vue personnel : une partie de nous-mêmes souhaite quelque chose qu'une autre partie réprouve, ou bien les autres représentent une image de nous-mêmes que nous n'avons pas intégrée. Nous vivons alors dans le conflit, l'agressivité ou les regrets. La solution de l'énigme pourrait être la prise de conscience de l'unité et du lien entre toutes les choses. Nous vivons dans une société fondée sur les divisions et les oppositions, des pays, des sexes, des âges, des cultures... Or le rêve parle de deux réseaux parallèles, cohérents en eux-mêmes, sur et sous la surface, communicants entre eux, mais insuffisamment : ils s'ignorent, sont clivés et souffrent de manque de lien. Pour y porter remède, il resterait à mettre en place, un fonctionnement de société où les liens soient authentiques, tolérants, adaptables, stables, permettant d'y déposer et de contenir les éléments violents non reconnus, ni transformés, que chacun de nous porte en soi. En proposant une communication humaine et chaleureuse qui permette de rencontrer suffisamment de « même » en l'autre pour pouvoir avancer ensemble à partir de là où chacun se trouve.

Ce sujet provoque des échos chez Xavier.

— Ça me rappelle ma barrière, sur laquelle j'étais à califourchon, entre deux mondes. Je me demande maintenant, après m'être posé la question de l'existence d'un fauve à l'intérieur de chacun de nous, si l'étape suivante n'est pas de transformer la barrière qui sépare, en un chemin central éclairé, éloigné des extrêmes.

— Et on explorerait alors un nouvel apprentissage, s'interroge Théo ? La voie de l'équilibre entre les paires d'opposés, ni à droite, ni à gauche passe entre les forces antagonistes qui ont été maîtrisées, mais exige l'accès à un autre état de conscience pour le percevoir et le mettre en pratique dans notre quotidien.

La tâche d'une vie

Un pas vers la liberté

Peu après l'arrivée des participants lors de la rencontre suivante, de fortes chutes de neige empêchent tout déplacement. La grande maison émerge de la colline, solitaire, dans la blancheur de la campagne. C'est un temps favorable au retour vers l'intérieur de soi. Bien emmitouflés dans plusieurs couches de laine pour se réchauffer. Avec le sentiment que le temps s'est un peu arrêté. Il reste alors l'essentiel. Et s'il n'y avait pas d'après ?

— C'est bien qu'on soit coincés par la neige, se réjouit Amélie. Et la météo dit que ça va durer. Isolés de nos habitudes, de nos compensations habituelles. De notre cadre familier. C'est rigolo, on est coupés du monde et ça me donne un sentiment de liberté : je n'ai plus d'obligations ! Je peux débrayer. Je n'ai plus de responsabilités familiales depuis un moment, et donc je peux terminer ma vie, ou la commencer avec de nouveaux yeux. C'est étrange ce sentiment de pouvoir commencer du nouveau sans rien attendre du futur. J'avais bien aimé la sorte de synthèse, Suzanne, que tu avais faite de mon expérience de vie, de mes vies. Ça m'avait bien aidé pour en dégager le sens. Ça pourrait, peut-être, servir à tout le monde, si on essayait ensemble d'avancer dans ce sens, si vous êtes d'accord. Puisque c'est une des raisons pour lesquelles on se retrouve ici. Tenter de répondre à la question : dans cette vie comment on s'y prend pour faire le pas suivant ? Comme on se connaît depuis un bon moment, chacun peut tenter une analyse à sa façon de ce qu'il a cru comprendre du fonctionnement de chacun de nous. Comment il voit son parcours de vie et son évolution et quels sont les éventuels échos que ça suscite en lui ?

— Ça peut même être l'occasion, ajoute Cyril, mais c'est un peu ambitieux, d'essayer d'identifier la tâche de notre vie et la leçon qu'il nous faut apprendre.

Suzanne a envie d'insister sur la tonalité de ces échanges :

— Avant de commencer, j'aimerai redire que c'est un cadre privilégié où nous faisons l'expérience d'une communication adulte entre nous. Théo rappelle toujours au début d'un cycle de groupe thérapeutique une consigne qui vise à établir une atmosphère de sécurité et de respect : ce que vous vivez et exprimez ici, doit être gardé pour vous, si vous voulez que les autres fassent la même chose avec vous à l'extérieur. La période thérapeutique est maintenant passée, (pour autant qu'elle passe un jour !) mais nous continuons à approfondir ce type de relations que je trouve passionnant. Partager des échanges authentiques, intimes, sans jugements, faits de plus d'interrogations que de certitudes. C'est pour moi, partager notre humanité.

Ils avaient donc, pendant toute une journée, chacun à leur tour, essayé de faire un bilan de leur vie telle qu'elle s'était déroulée jusque là en relevant les périodes de tension où la vie semblait les pousser vers une transformation, ou leur présentait un obstacle difficile à franchir. Et les ressources qu'ils avaient utilisées pour avancer. Les suggestions des uns et des autres nourrissaient la réflexion.

Ils avaient décidé de retransmettre le fruit de ces échanges sous forme d'un résumé écrit que chacun commenterait verbalement à l'ensemble du groupe.

La tâche de Suzanne

La maladie de sa mère, qui était bipolaire (elle alternait des périodes de dépression profonde avec des phases d'excitation physique et mentale) avait considérablement perturbé l'ambiance de son enfance, avant que sa mère ne soit finalement internée alors que Suzanne était encore adolescente. Dans cette atmosphère où s'opposaient la folie et les rituels conservateurs d'une bourgeoisie de province, elle s'était sentie très vite petit canard mal venu. Elle était tiraillée entre son besoin d'exister dans le peu de place qui lui restait, la nécessité de contrôler les débordements émotionnels qui l'assaillaient et le besoin de donner un sens à l'incompréhensible.

Elle avait cependant trouvé auprès de son grand père et d'une tante, un substitut à l'absence de mère. Dans le prolongement du travail de détachement imposé par l'état de sa mère, elle avait appris à anticiper un détachement volontaire même vis-à-vis de ceux qui la soutenaient. Se détacher même de ce qui est bien allait lui fournir matière à transformation intérieure.

Ce cadre où elle avait grandi avait fait naître en elle le besoin de soigner, de prendre soin de la vulnérabilité des hommes, d'accompagner ceux qui cheminent vers la mort. Elle était devenue infirmière. Elle formait aussi des aides-soignantes pour transmettre ce que la vie lui avait appris.

Elle donnait une réponse à ses souffrances d'enfance, sur un tour plus élevé de la spirale.

Son pas suivant semblait être d'accompagner les pas de côté de son cheval affectif pour le ramener sur le chemin principal. Tenter de mettre de l'ordre dans l'organisation de sa vie, ne pas se disperser, diminuer les retentissements intérieurs des événements. Pour elle qui n'avait pas été accueillie, faire en sorte de créer dans sa profession comme chez elle, un espace d'accueil adapté aux besoins des autres.

Pour tenter de maîtriser l'instabilité et l'incohérence qui l'entourait, elle avait du se forger une puissante autodiscipline intérieure.

ຂວ

La tâche d'Alex

Son père avait eu une fille d'une précédente union. Pendant son enfance, avec ses frères et sœurs, il n'y était jamais fait allusion, bien que les habitations aient été pendant longtemps proches. Ce secret semblait avoir pesé sur Alex, comme une difficulté personnelle d'identifier ses origines et peut-être plus généralement avait fait naître un besoin de rechercher les causes des événements, des choix...

De cette famille de taiseux, rongée par une gestion incohérente de l'argent et le besoin d'avoir l'air plus que ce qu'on était, n'émergeaient que les colères du père et le foot. L'horizon s'arrêtait au bord de la fenêtre. Il avait l'impression qu'on lui avait peu transmis.

Alex avait donc pris les moyens pour s'éloigner de chez lui et faire des études d'ingénieur. Il avait développé une grande curiosité pour la vie et une farouche autonomie. A partir de ces carences, il avait désiré connaître et transmettre : il était devenu prof de physique. Les expériences de travaux pratiques comme celles de la vie, devaient être sources d'enrichissement intellectuel.

Son pas suivant pourrait être vu comme assumer ses responsabilités d'adulte en se mettant au niveau des autres, entraîner un groupe à collaborer en vue d'un but commun. Faciliter la communication entre les personnes. Savoir traduire en termes simples des notions complexes pour les adapter à l'interlocuteur. Trouver sa place entre celui qui sait et celui qui apprend. Mieux maîtriser la juste distance entre occuper le devant de la scène pour être l'initiateur d'une activité et rester en retrait au bénéfice de chacun des membres d'un groupe. Mais aussi développer un mental capable de contrôler autant sa peur par rapport à l'autorité et les colères de son père, que sa propre violence sous-jacente. C'était peut-être un travail d'apprentissage de la voie du milieu pour contrôler les excès et relativiser.

ೞ

La tâche de Cyril

Il devait avoir quatorze ans, quand, en fouillant dans une caisse du grenier, il avait découvert plusieurs exemplaires du même livre, comme un stock d'éditeur. C'était un recueil d'articles en français envoyés par un soldat allemand via le service de la poste aux armées. Il témoignait d'épisodes de la guerre lors de l'hiver 1941-42 sur le front de l'Est en Russie. Sur la page de titre d'un exemplaire, se trouvait une dédicace : « A Simone, rayon de soleil et de jeunesse, dans la tourmente du présent » Simone était le prénom de sa grand-mère. Il était allé demander à sa mère de quoi il s'agissait. « Ce n'est rien d'important ». Le soldat en fait, était belge et était devenu un haut gradé nazi, comme en témoignait une photo, retrouvée quelques temps après, sur laquelle on le voyait en uniforme d'Hauptsturmführer SS. Il y était chaudement félicité par Hitler qui le décorait de la croix de fer.

Quelques semaines après, sa mère l'avait abordé en lui disant : « Puisque tu fouilles dans les souvenirs, j'ai quelque chose à te dire. Ton vrai père, n'est pas celui qui t'a élevé quelques temps et dont tu portes le nom. Je ne sais pas non plus qui c'est. Tu as été conçu lors d'une soirée entre étudiants. On avait trop bu. »

Sa mère avait répété inconsciemment le scénario du père inconnu dont elle-même avait été victime. Le secret et la honte silencieuse poursuivaient leurs ravages au fil des générations, faute d'avoir été révélés.

Cyril était effondré et il lui avait fallu de longs mois pour commencer à émerger de son désarroi. Ses résultats scolaires s'en étaient ressentis et il avait redoublé sa classe. Il n'était pas surprenant qu'il ait eu des doutes sur son identité et sur les rôles qu'il pouvait jouer dans la société. Le poids de toutes ces années pendant lesquelles il avait été trompé sur qui il était, pesait encore lourdement sur lui.

— Ce que je peux faire de tout ça aujourd'hui, après les échanges qu'on vient d'avoir ?

Il y a d'abord en moi un besoin d'aider ces jeunes en marge qui n'arrivent pas à s'intégrer à la société. C'est pour ça que je suis éduc. Eux aussi ne savent pas qui ils sont. En parlant avec vous je me rends compte que le rejet, je le trimbale depuis des générations avec ma mère et ma grand-mère. Mais le vrai poison, c'est le secret. Et un premier effort pour sortir du secret a été de dire que je suis homo. Ce que je sens comme étant ma tâche dans cette vie, c'est de trouver ce qui est commun entre les êtres humains. Et donc de rencontrer les autres à partir de ce qui, en moi, est comme eux. Après on voit les différences, qui ne mènent pas forcément à l'affrontement, parce qu'elles peuvent être des compléments. Et souvent, on est d'accord sur le fond, mais on ne l'explique pas de la même manière. On emploie des mots qui n'ont pas la même signification pour chacun. Il faudrait s'assurer, de temps en temps qu'on parle de la même chose. Ça me semble assez vrai pour la vie de couple ! Vous m'avez entendu plus d'une fois râler après ceux qui se déchirent à propos de différences, alors qu'ils sont les mêmes, ont les mêmes peurs et les mêmes amours. Ça peut s'appliquer à toute notre société !

ଚ

La tâche de Céline

A quinze ans, elle avait été violée sur la plage, par un groupe de copains pendant un camp d'été. Sa vie sexuelle avait mêlé dès le début, violence, abus de pouvoir, manipulation des hommes.

Elle choisissait toujours des hommes fragiles, déjà très abîmés par la vie, ce qui lui permettait d'être toujours en situation de domination et de ne pouvoir être menacée. Malgré l'évidence de ces situations répétitives, elle avait mis du temps à ne plus attribuer aux seuls hommes, la responsabilité de ses échecs sentimentaux.

Elle était actuellement à la recherche d'une position plus juste par rapport à l'autre sexe. Une relation égalitaire et équilibrée. Il lui fallait affronter à la fois la peur d'être seule et de n'être pas aimée en même temps que celle d'être niée et détruite.

— A partir de là, explique-t-elle, ma tâche pour cette fois est simple et compliquée. Je sais que, homme ou femme, nous sommes égaux. Différents, mais complémentaires. Le difficile est d'abandonner le pouvoir. Faire confiance à un autre être humain. Qu'il ait le même pouvoir que moi, sans qu'il en abuse. A la différence de Xavier, ajoute-t-elle en riant, moi il faut que je lâche les rênes de mon canasson. Alors que spontanément, je me verrais bien plutôt à la tête d'un régiment de cavalerie !

Donc pour elle, c'est apprendre à avoir des rapports humains avant que sexuels. C'est donc aussi avoir une meilleure maîtrise de sa sexualité.

Elle commente :

— Il y en a ici, qui vont parler de contrôle de l'affectif !

ଓ

La tâche de Xavier

Xavier expose sa tâche, telle qu'il la comprend :

— J'ai été très marqué par mon travail avec Théo, sur mes vies passées, qui a révélé une signification brutale, mais très éclairante sur les galères que j'ai traversées dans cette vie. On a suffisamment souvent partagé ensemble une bonne partie de notre intimité pour que je ne reprenne pas depuis le début toute l'histoire. Mais je peux la condenser. Il y a deux thèmes : la violence et la sexualité. Il m'a fallu les apprivoiser, toutes les deux, en essayant de faire des progrès à chaque nouvelle vie. En faisant aujourd'hui avec vous cette espèce de bilan, je vois comment on avance de vie en vie, comment j'ai pu passer d'une brute bornée et destructrice, d'un mec sauvage à quelqu'un de plus fin, sensible, ouvert aux autres et à la nature. Il y a au cours de mon évolution un double travail. Passer du grossier au subtil et passer de moi aux autres. Mais je vous dis pas, ce n'est pas de la tarte ! C'est vite dit, maintenant, mais que de bagarres avec moi même, de solitude, de trahisons subies. Mais aussi des rencontres avec le meilleur de ce que les humains ont en eux ! Avec la joie maintenant de voir que ça n'a pas été inutile et que pour moi, ces expériences sont une richesse que je veux partager avec les autres. Et que ça puisse les aider à faire le pas suivant. Ce n'est pas du prêchi-prêcha, je l'ai vécu avec ma sueur et mes larmes. Et alors ma tâche ça serait quoi ? J'ai l'impression de revenir de si loin, que je ressens à la fois l'énormité du boulot à faire en même temps qu'un certain courage pour pouvoir l'affronter. Quand je touche la terre, je sais qu'elle est vivante et qu'elle va donner des fruits. Ma tâche, c'est d'aider à transformer. A tous les niveaux. Sans pouvoir bien l'expliquer, j'ai l'impression que le mécanisme qui permet de passer de la décomposition des végétaux pendant l'hiver à l'éclatement de la nature au printemps est de même nature que la dislocation de ma violence qui permet d'établir des relations différentes et respectueuses avec les autres. Je peux aussi parler de moi, de mes difficultés, du plaisir qu'il y a à me savoir capable d'être quelqu'un de respectable. Et puis dans mon travail, il me faut bien mettre les choses au clair avec les clients pour qu'il n'y ait pas d'ambiguïtés qui risquent de se transformer en affrontements. Pour ne pas prendre de coups et ne pas en donner. Pas d'abuseurs et pas de victimes. Je porte depuis longtemps ces conflits en moi- même. Mais j'expérimente qu'il y a à l'intérieur de ces tensions, une énergie à mobiliser qui permet d'aller vers une harmonie durable. Et vous imaginez, j'ai même réussi à ne pas vous parler de mon cheval !

ৡ

La tâche d'Amélie

Amélie veut résumer ce qu'elle a retenu, d'une intéressante relecture de son parcours de vie, qu'avait fait Suzanne devant le groupe, peu de temps auparavant :

— Au travers des multiples abandons et rejets dans cette vie, j'ai développé mon mental pour mieux contrôler mes émotions et gagner en autonomie. Ces souffrances m'ont aidée à pouvoir me mettre à la place des autres et grâce à mon mental, à pouvoir assister ceux qui avaient perdu le contrôle de leur vies. J'en ai fait mon métier de tutrice. Mais je voudrais vous dire ce que les échanges d'aujourd'hui ont fait avancer dans ma tête. Dans les témoignages des uns et des autres, il me semble qu'il y a quelque chose qui revient souvent, c'est le manque, l'absence. C'est plus qu'évident dans mon cas. Mais ça semble concerner d'autres aussi. On est toujours en attente ou à la recherche de quelque chose ou quelqu'un à l'extérieur de nous. Ce qui bien sûr nous rend dépendants. Est-ce que le travail que j'ai eu à faire n'était pas de rapatrier à l'intérieur de moi toutes ces grosses et petites attentes que j'avais ? C'est-à-dire à changer la perception des événements et des êtres de ma vie. J'attendais des humains, mais je n'entendais pas les rires des enfants, les gazouillis des oiseaux nouveaux nés, je ne voyais pas la rosée du matin, l'irruption du printemps, les belles rides de cette vieille femme qui pouvaient aussi me faire participer à la joie de la vie. Au lieu d'attendre une venue de l'extérieur, il me fallait commencer à construire en moi un lieu plus stable qui pourrait aussi sécuriser ceux que je rencontre.

&

La tâche d'Elsa

Sa grand-mère avait été abandonnée à l'assistance publique. Sa mère, dernière enfant non désirée d'une famille déjà nombreuse, avait inconsciemment reporté cette peur de l'abandon sur sa dernière fille Elsa, menacée de rejet par son mari qui ne voulait pas d'une deuxième fille.

Lorsqu' Elsa s'était éloignée du père de son enfant, au-delà des différences de projets de vie, était peut-être à l'œuvre inconsciemment le souci d'éviter toute menace d'abandon. Cette blessure transmise au travers de plusieurs générations, était pour Elsa dans cette vie un support de transformation d'elle-même. Il lui fallait utiliser sa peur que des enfants vulnérables ne soient considérés comme des objets gênants, dont il fallait se débarrasser réellement ou par l'indifférence. Pour elle-même, elle devait affronter sa crainte de l'abandon et celle de l'indifférence des hommes. Son travail intérieur pour faire de cette fragilité une force l'avait amenée à accompagner comme institutrice des enfants atypiques handicapés dans leur apprentissage scolaire : autistes légers, étrangers, hyperactifs... Ils étaient menacés de rejet et d'exclusion.

C'était son pas suivant, pour que son cavalier maîtrise mieux les rênes affectifs. Qu'il contrôle sa peur de la violence, de l'abandon brutal, qu'il puisse protéger les enfants, les fragiles, ne pas laisser inexploitées les potentialités.

Construire son autonomie

Un pécule pour avancer

La neige continuait de tomber, déposant ses épais flocons qui voletaient et épaississaient lentement le silence. Le petit groupe était contraint de prolonger la rencontre.

Elsa avait proposé :

— La journée d'hier, où nous avons essayé de mieux cerner ce que pourrait être notre tâche de vie, m'a donné envie de tenter d'approfondir ce qu'on peut considérer comme des acquis, des ressources qu'on a amenées aussi bien de vies passées que celles qu'on a développées dans cette vie. Si on pouvait en profiter pour essayer d'identifier de ce qui peut être notre note spécifique dans la grande partition, la grande symphonie humaine... Je voudrais simplement que nous nous autorisions à considérer que chaque être humain est porteur d'un grain de sable lumineux qui participe à l'évolution du monde. Et qu'on tente de mieux cerner quelle peut être notre contribution à la construction de notre grande baraque commune.

— Si je comprends bien, reprend Cyril, il s'agit de se rendre compte de nos talents, de nos skills, de dire là où nous sommes bons, compétents, en étant avec simplicité, honnêtes et lucides. C'est vrai qu'on n'a pas souvent l'occasion de se poser cette question et encore moins de la partager en public. Si c'est moi qui commence, je peux dire que suis attentif aux autres. Quand les jeunes galèrent, j'essaie de voir où ça coince. J'essaie de leur fournir un cadre où ils vont pouvoir s'occuper ensemble, développer leur talent propre, leur place, comme au foot, faire des boulots utiles au collectif, trouver des moyens différents d'exprimer leur violence. Je sais m'adresser à une personne particulière en fonction de ce que je connais d'elle. Je suis bon dans le relationnel. J'essaie de développer leur autonomie, ne pas faire à leur place. Et contrôler mon impatience et ma colère. Ils m'aident à affirmer mon côté mec, en même temps que je suis bien placé pour les faire sortir de leur catégories rigides sociales, sexuelles, religieuses. Je sais mettre en valeur ce qui est l'intérêt commun à chacun et au groupe.

Céline se trouve très adaptée à la vie pratique.

— Je n'ai pas les deux pieds dans le même sabot. J'affronte sans difficulté les problèmes matériels. Là où j'ai des progrès à faire, c'est apprendre à partager cette compétence. Je sais organiser, planifier, autant dans l'espace que dans le temps (les bons endroits, les moments opportuns…). Je sens que j'ai quelque chose à faire avec les femmes démunies dans ces domaines.

Amélie sait veiller à ce que chacun soit bien accueilli et trouve sa place facilement.

— Je sais écouter sans jugement ; c'est aussi une façon d'accueillir l'autre. Ceux qui viennent me voir aussi bien pour parler tricot, cuisine, ou des problèmes avec leur mari savent que j'accueille d'abord. J'ai des amis dans tous les milieux, les riches, les paumés, les harkis, les hommes, les femmes, les croyants ou pas croyants. Je crois que c'est parce qu'ils savent que je les aime. Ils n'ont pas peur de moi.

Un copain perspicace avait dit une fois à Théo : « Toi, quand tu t'es fixé un but, tu es capable de mobiliser une énergie incroyable pour l'atteindre ». Le directeur de l'hôpital où il travaillait l'avait inscrit à une formation d'addictologie, qui avait lieu à Paris. Mais cela lui avait été refusé. Théo avait dit « j'irai quand même ». A son retour, le directeur, qui connaissait son fonctionnement, lui avait dit en souriant : « ça m'aurait étonné qu'ils ne vous aient pas laissé passer ! ». C'était particulièrement vrai quand cette détermination bénéficiait à d'autres. Il suffisait qu'on lui dise : « ce n'est pas possible ce que vous demandez », pour qu'aussitôt se mobilise autour de lui les ressources intérieures et extérieures pour montrer qu'il n'y a pas grand chose d'impossible dans ce qui dépend des hommes.

Xavier sait transformer les choses. La terre, les plantes, mais aussi de plus en plus il se sent capable d'aider les êtres humains à transformer leur regard sur la nature et la vie. Il sent vibrer en lui cette puissance de métamorphose que lui transmet le contact avec la nature. Comment la fin des choses, la décomposition de ce qui a été, fournit la source du jaillissement de la vie. Il l'a expérimenté dans sa vie personnelle, mais retrouve les mêmes processus dans la vie de la terre.

Elsa aime se mettre au service d'une personne pour l'aider à avancer, à aller là où elle veut et par le chemin qui lui convient, sans imposer son point de vue. Mais en l'aidant à découvrir et mettre en œuvre ses ressources propres. Il s'agit souvent d'harmoniser, de faire apparaître une cohérence permettant de sortir d'un conflit intérieur qui empêche d'apprendre et d'avancer, et de se forger un outil mental.

— Je crois que j'ai aussi une certaine sensibilité qui me permet de ressentir, au-delà des mots le plus souvent, les qualités des personnes que je rencontre. Et cela m'aide aussi à les amener à en prendre conscience. A partir de l'état présent des choses et des êtres, j'aime dégager des possibilités d'évolution, expérimenter des pistes de créativité. Pour revenir à ma proposition de départ, sur la note propre à chacun qu'il peut émettre pour contribuer à la symphonie globale, je me rends compte de deux hypothèses intéressantes. Cette note s'affine, se perfectionne au cours de notre évolution. De vie en vie, elle devient de plus en plus juste et exprime de mieux en mieux sa richesse. Et d'autre part, en jouant de plus en plus souvent ensemble, se révèle et se renforce notre sentiment de complémentarité et la joie de partager cette créativité avec d'autres.

La feuille de route

Tandis que les rencontres habituelles continuaient dans le cadre du grand groupe, il s'était établi peu à peu, une complicité plus marquée entre Elsa, Xavier, Cyril et Théo motivée de prime abord par la relative proximité de leurs lieux d'habitation. Mais, ils avaient en fait du plaisir à partager des idées et… de bons et sains repas, souvent approvisionnés par les légumes de Xavier. Ils étaient en train de devenir amis... Ils ressentaient ensemble le besoin d'approfondir davantage les sujets qui étaient soulevés pendant les réunions de groupe. C'est Cyril qui manifestait le plus de curiosité et de soif de compréhension. Il était étonnant à son jeune âge, par sa rapidité d'assimilation de notions parfois complexes et par l'originalité des questions qu'il se posait. Ils étaient tous les quatre à la recherche d'une explication du monde... Ils semblaient avoir en commun un intérêt pour ce qui était essentiel dans la vie par rapport à ce qui pouvait passer au second plan, et une capacité à faire assez vite le tri entre le nécessaire et le superflu. Tout en partageant, bien sûr les tribulations de la vie de tout le monde.

L'essentiel est aussi fait de choses minuscules.

— Est-ce qu'on ne pourrait pas essayer de se faire un plan de recherche, propose Elsa. Pendant le groupe, on essaie d'avancer au fur et à mesure des propositions de chacun, en fonction des problèmes qui se posent pour lui. Ce sont des cas particuliers qui ont un intérêt général. Nous ici, on pourrait voir ce qu'on a compris des étapes et des prises de conscience à faire pour tout le monde sur le chemin de l'évolution. Quels sont les passages obligés, les transformations indispensables, les règles à assimiler pour pouvoir faire notre pas suivant.

— Une sorte de feuille de route commune, commente Cyril.

— C'est ça.

— Il faut se baser sur notre expérience, souhaite Xavier.

— Mais comme nos expériences sont différentes, relève Cyril, il faudrait arriver à reconnaître le même type de leçon apprise, mais dans des circonstances différentes. Pour dégager justement la règle générale derrière le cas particulier.

— Pour clarifier un peu les choses, ajoute Théo, on peut mettre sur la feuille de route qu'entre le point de départ et l'arrivée provisoire, loin en avant, il s'agit d'un dialogue et souvent d'un conflit entre notre personnalité matérielle et notre identité « spirituelle ».

— Et ça serait ça, s'interroge Cyril, ce qu'on appelle l'évolution intérieure humaine ?

— D'après ce que j'ai expérimenté, précise Xavier, c'est à partir de ce qui reste de notre passé, qu'on ramène de vies précédentes et qui n'est pas fini d'être assimilé, qu'on a le boulot de le transformer, de le reprendre pour l'affiner, et comme tu dis, de laisser « le chevalier blanc » prendre peu à peu les commandes.

Elsa veut amener un regard constructif.

— On ne ramène pas que des trucs négatifs. On a aussi fait des choses bien. Ce sont des richesses qui vont servir à corriger ce qui ne va pas. Mais on peut aussi directement créer, développer, épanouir ce qui va être utile à nous et aux autres. Apprendre, c'est aussi découvrir ce que je ne connais pas, mais qui est latent en moi. Et qui a parfois besoin de la confirmation des autres pour que je m'autorise à l'utiliser.

Cyril propose de faire les présentations.

— Au départ, on dira au point zéro, il y a d'un coté notre personnalité qu'on a fini de construire. Elle est costaud. Ce n'est pas la présentation habituelle officielle, mais ça changera un peu ! Elle est formée de notre corps physique, d'un corps affectif, d'un corps mental. Et puis sur un plan plus subtil, il y a notre identité spirituelle intérieure.

Au cours de leurs rencontres, les quatre amis avaient peu à peu réussi à mettre par écrit, les apprentissages intérieurs principaux qu'ils pensaient avoir faits. Soit au cours de cette vie ou, pour ceux qui y avaient eu accès, lors d'existences précédentes. Ils avaient essayé de dégager un fil conducteur qui parcourait de sa trace lumineuse ou obscure, les différentes étapes que représentaient chaque vie ou les périodes de transition qu'ils avaient traversées au cours de leur vie actuelle. Et quelles étaient les règles générales qui régissaient l'avancée sur la route.

C'était pour eux, un peu de l'expérience commune que tous les humains partageaient, sans toujours le savoir, sur le chemin intérieur. Bien plus, ils ressentaient que cette aventure ne se limitait pas au seul règne humain.

Cette poussée évolutive qu'ils constataient pouvait être appliquée aussi bien à une plante qui se fraye un chemin pour sortir de l'obscurité de la terre et entrer dans la lumière du soleil, qu'à un enfant qui, sous l'impulsion de la vie, se dégage du ventre de sa mère, qu'à l'être humain se hissant vers des domaines de plus grande connaissance et de mode de vie physique efficace. Elle concernait également le chercheur intérieur qui pénètre dans le domaine de la vie et de la lumière de l'âme. Cette force de Vie pouvait être à la source des progrès sur le sentier du développement de la conscience.

Il leur semblait important aussi d'intégrer autrement la notion d'énergie. Appliquée à notre vie quotidienne et pas seulement à la bombe atomique. Elle a cependant révélé cette notion fondamentale, de transformation d'énergie en matière et de matière en énergie. Cela faisait partie de cet affinement qui accompagnait notre évolution.

Il nous faudrait commencer à interpréter la vie en termes d'énergie et de forces, de relations et non plus en termes d'objets et de matière. Quand on parle d'énergie, on désigne des choses différentes avec le même mot, ce qui prête à confusion.

Comment développer cette sensibilité, cette ouverture à une réalité présente, mais non perçue par insuffisance des outils ? Une caméra infrarouge peut déceler la présence d'une personne qui vient de quitter un emplacement, alors qu'il n'y a plus personne actuellement. Si nous nous contentons de nos perceptions habituelles, nous disons « je ne vois rien », alors que la caméra voit autre chose... Si nous sommes irrités, nous l'exprimons en paroles bruyantes et en pensées de colère. Ce qui est de l'énergie émotionnelle. Certains peuvent la percevoir sans qu'aucun mot n'ait été prononcé.

Il serait souhaitable d'apprendre à nous considérer comme des unités d'énergies, en relation constante avec notre environnement matériel, humain ou subtil. Ces interactions permanentes ouvrent un champ d'action beaucoup plus vaste qui gagnerait à être mieux maîtrisé en devenant conscient afin qu'il soit davantage au service de l'harmonisation que de la destruction. Ce qui peut aussi nous aider à comprendre que le niveau d'énergie où nous fonctionnons attire des personnes qui fonctionnent sur un niveau semblable de « vibration ». Et peut autant être bénéfique que perturbant. On peut se rappeler qu'il y a fondamentalement deux types d'énergies, à la disposition des êtres humains : l'énergie matérielle et l'énergie spirituelle.

Il peut être utile de renverser l'ordre de nos perceptions : les changements matériels sont la conséquence de modifications déjà survenues sur un plan plus subtil, énergétique, notion qu'ignore la doxa officielle. Cela peut se confirmer par exemple dans le domaine de la santé. Ça peut nous ramener au domaine des signes, présents avant que le symptôme apparaisse.

Une autre notion importante était apparue également : comme si à chaque pas accompli, à chaque demande exprimée, l'environnement, les circonstances, les événements faisaient écho et souvent donnaient une réponse. Comme s'il y avait un dialogue permanent possible entre l'individu et son milieu. S'il devenait conscient, un dynamisme particulier et créateur pouvait se mettre en place et l'individu évoluait dans un milieu vivant où chaque échange pouvait prendre sens.

L'essentiel demeurait que chacun puisse faire, à partir de l'endroit où il se trouve, le pas suivant.

Quand on arrive sur terre, on amène les caractéristiques du personnage qu'on était dans notre vie précédente. A la fin de notre vie antérieure, on avait construit une identité qui fonctionnait en sécurité. Avec ses goûts, ses peurs, mais surtout avec des repères, des habitudes qui nous rassuraient. Le connu est la sécurité pour la plupart d'entre nous.

Et là on trouve un cadre différent, des gens qu'on est heureux de retrouver, d'autres dont on se serait bien passé. Et notre vie va servir, soit à essayer de mettre en valeur les compétences acquises, soit à expérimenter de nouvelles choses et soit le plus souvent un mélange des deux. La période de l'enfance et de l'adolescence est souvent celle des retrouvailles avec des gens qu'on a connus dans des vies passées et forme le milieu familial. Pour le meilleur et pour le pire.

C'est aussi une période de récapitulation, c'est-à-dire de réapprentissage de tout ce qu'on a appris lors de vies précédentes. Jusqu'à ce que nous atteignions le point le plus élevé de maturité et d'expérience réalisé précédemment. Cela peut durer jusqu'à l'âge de trente cinq ou quarante ans selon le chemin parcouru auparavant.

Xavier, Cyril, Elsa et Théo avaient pris conscience, en ce qui les concernait tous les quatre, combien ils avaient plutôt rapidement et facilement traversé les difficultés du plan matériel à cette époque de récapitulation de leur vie. Chacun avec des épreuves particulières, sur fond de manque de ressources financières. Elsa s'était retrouvée seule avec un bébé, dans un pays étranger. Cyril gérait sa solitude, étranger parmi les siens, sans argent, dans le froid et s'accrochait à ses études. Xavier était comme orphelin et puisait ses ressources dans celles de la nature et du travail. Théo apprenait qu'on pouvait se passer de presque tout et que le bien le plus précieux était la vie.

Ils réalisaient qu'ils avaient traversé ces périodes difficiles sans être eux mêmes profondément déstabilisés. Ils avaient affronté les problèmes au fur et à mesure. La vie avait continué son cours. Un jour il pleut, le lendemain il fait du soleil. Ils se rendaient compte de la relative indifférence qui les habitait alors, par rapport aux circonstances matérielles.

Ce qui voulait dire qu'ils avaient acquis dans des vies précédentes un contrôle des besoins et des dépendances par rapport au confort, au standing de vie, à l'argent, à la possession des biens et des personnes. Et qu'ils n'étaient confrontés à ces situations pendant leur jeunesse que le temps d'un petit rappel pour vérifier que tout fonctionnait bien. Car une fois la maîtrise de la dépendance acquise, on peut être confronté au risque, sans y succomber. Cela procure bien sûr un nouveau sentiment d'autonomie vis-à-vis des chaînes qu'on a si longtemps portées inconsciemment. Mais curieusement, en pratique, beaucoup de ceux qui repassent par cette première étape ne s'en rendent même pas compte. Comme toujours, ce qui ne demande pas d'effort paraît normal. C'est vrai pour la période de récapitulation. Mais par contre quand on aborde ces épreuves pour la première fois, c'est très loin de passer inaperçu !

C'est aussi le moment où on commence nettement d'intégrer dans notre vie, la responsabilité par rapport aux autres et le soutien qu'on peut leur apporter. Ce passage de la « ligne matérielle » met en place une importante transformation dans nos centres d'intérêts. La toile de fond des rapports humains qui était jusque là fondée sur les rapports homme / femme se transforme progressivement en une dualité personnalité / âme. Ce qui provoque le transfert de la créativité, du plan physique à des formes s'exprimant sur des plans plus subtils.

La deuxième phase est celle du monde affectif, du domaine des émotions qui nous entraînent souvent là où on ne veut pas toujours aller. Celle qui souvent trouble notre vision en nous faisant prendre un bout de corde pour un serpent, une belle fille pour la femme de notre vie et un mec entrevu dans l'ascenseur pour le prince charmant. C'est le temps où il nous faut explorer les extrêmes et les contraires des désirs, des peurs, de la haine. Apprendre que l'affectivité est là pour colorer la vie, nourrir d'enthousiasme les projets et pouvoir se réjouir du voyage. Mais elles ne doit pas nous faire oublier que le fait essentiel est que nous allons quelque part.

De nombreuses vies se succèdent pour se passionner, être déçus, tout investir dans une personne, un projet, se tromper, et recommencer souvent. Nous apprenons peu à peu à nous mettre de moins en moins en situation de dépendance. Et peu à peu, nous intégrons ces extrêmes en nous, les orages se calment et permettent une vue plus sereine et lucide du paysage. Une série de tests ne manquent pas alors de survenir pour évaluer nos capacités à maintenir un cap intérieur quelles que soient les sollicitations émotionnelles de la vie.

Cyril devait apprendre à trouver une voie moyenne entre d'un côté son idéal professionnel de disponibilité, de priorité donnée à l'intérêt du groupe de jeunes qu'il encadrait et d'autre part faire respecter et payer son investissement auprès de ses employeurs, pour ne pas se sentir exploité. Sinon il pouvait avoir, soit l'impression de se renier, soit d'être nié. Il lui fallait intégrer les deux extrêmes.

Xavier se retrouvait de façon répétitive, confronté à des situations avec des femmes qui n'étaient pas disponibles, soit parce quelles étaient en couple, soit qu'elles n'avaient pas encore mis fin intérieurement avec une précédente histoire d'amour. En avait-il lui-même terminé avec les traces subtiles de son passé lointain où il alternait des rôles de victime et de bourreau ? Il semblait en avoir épuisé les charges au niveau physique et en partie au niveau émotionnel. Mais se sentait-il prêt à s'engager dans une relation durable sur la voie du milieu ? Le type de rencontres qu'il faisait lui posait la question.

C'était peut-être l'occasion de se rappeler que la succession des vies sert aussi à épuiser les dettes que nous avons accumulées dans le passé par nos erreurs de choix et de comportement et qui ont nui aux autres. Nous avons bien sûr également semé de bonnes graines que nous retrouvons aussi. Ce sont les retrouvailles avec ces situations non terminées qui servent également de support à nos transformations pendant cette vie.

Le temps du changement

Alors qu'Elsa et Théo, étaient partis passer l'après midi chez Suzanne et Alex, un autre thème était venu dans la conversation : est-ce qu'ils avaient pu repérer dans leur parcours de vie, des moments charnières qu'on pouvait retrouver dans l'histoire de chacun d'eux ?

Les « turning points » semblaient se situer autour de vingt-et-un, vingt-huit, trente-cinq, quarante-deux, quarante-neuf, cinquante-six, soixante-trois ans. Ils avaient alors, de façon très différente, traversé pendant quelques mois ou années une période plus ou moins chahutée. Comme si, nous avions des cycles intérieurs qui, à un moment donné nous incitaient à accélérer les transformations à effectuer. Il faut noter que les changements survenus, ne concernent pas nécessairement un seul domaine de notre vie, mais impliquent presque obligatoirement des interconnexions. L'étape de 63 ans est en fait un choix intérieur qui nous fait décider si les années qui restent seront consacrées simplement à gérer les acquis jusqu'à la mort ou bien si c'est une nouvelle étape créative d'avancée sur le chemin.

Pour Elsa, un profond virage se produit à l'âge de 27 ans. Elle a découvert le yoga et la méditation, prend contact avec son monde intérieur qui va guider dorénavant ses pas. Elle se rend compte que son projet de vie est très différent de celui de son compagnon. Il aspire à une reconnaissance financière et sociale de la société, alors qu'elle veut explorer les domaines de la connaissance de soi et de la méditation. Un enfant va naître, pourtant ils se séparent. Elle part à l'étranger, change de travail. Quelques années plus tard, elle rencontre un autre homme, a un deuxième enfant, mais ne trouve pas l'équilibre qu'elle recherche. Nouvelle séparation. Lorsqu'elle fait la connaissance de Théo, à 32 ans, apparaît la perspective d'une vie plus en accord avec ses valeurs. Elle s'engage aussi dans une nouvelle orientation professionnelle qui correspond mieux à ses aspirations. Ces transformations se concrétiseront à 35 ans, avec l'entrée dans le métier d'enseignante, le mariage avec Théo, et la venue d'un troisième enfant.

Quand Théo a 21 ans, la mort de sa grand-mère amène pour lui, la libération de toutes les obligations. A 28 ans, il ouvre un cabinet d'infirmier. Suivent de multiples formations professionnelles. A 35 ans, c'est la fin de la récapitulation intérieure, et le début de l'apprentissage du nouveau ! A 42 ans, il rencontre Elsa, qui a deux enfants. Un nouveau virage a lieu à 46 ans, avec un changement de région d'habitation et la naissance d'un enfant.

Suzanne a 21 ans quand elle prend conscience de son besoin de prendre soin des autres et veut devenir infirmière. Elle découvre alors le yoga, l'enseignement de Krishnamurti. Elle comprend que l'amour passion la détruit en la privant de liberté. A 27 ans, elle rencontre Alex, et c'est pour elle l'installation dans une vie de famille suivie de la naissance de ses trois enfants. C'est aussi l'époque de la construction de leur maison. A 35 ans, sa vie affective est difficile et motive un début de travail sur elle-même laborieux. Elle fait alors face à des problèmes de santé et prend conscience de l'éventualité de sa propre mort. Ce qui lui procure un sentiment de libération. A 55 ans, c'est le moment d'un nouveau virage, avec un changement de lieu de vie. Les investissements de son énergie changent, le service des autres n'est plus la flèche directrice.

A 21 ans, Alex est chargé de surveiller une exposition de lithographies dans un château, qui est une révélation pour lui de la dimension artistique de l'existence et ouvre son esprit à d'autres horizons. A 28 ans il divorce. Débute alors une nouvelle vie avec Suzanne et ils partent en stop aux USA. Autour de 35 ans, c'est la naissance des trois enfants et le début de son métier d'enseignant. Ils entreprennent alors la rénovation de leur maison de village. A 45 ans, il rencontre Théo et fait un stage d'informatique où il prend conscience de sa juste place dans un groupe : c'est là où il peut faire bouger les choses de façon créative. A 50 ans, il devient maire de son village : c'est pour lui l'expérience du pouvoir à mettre au service du collectif. A 59 ans, c'est un changement de cap avec leur déménagement qui lui fait rencontrer le nouveau dans tous les domaines.

Il apparaissait que chacun avait traversé un ou plusieurs de ces moments clefs, avec plus ou moins d'intensité et que s'était révélé à cette occasion, un « style » propre pour aborder ces périodes de transition. Identifier ces processus, leur permettait de rendre conscientes leurs méthodes de transformation des obstacles, d'adaptation aux changements que la vie leur proposait. Ce qui pouvait leur permettre de mieux utiliser leurs outils d'évolution.

Suzanne avait besoin pour rentrer dans une nouvelle étape de sa vie, de commencer à voir les nouveaux germes qui allaient pousser, de commencer à sentir le dynamisme de ce qui était en gestation. En même temps qu'il lui fallait sentir l'épuisement et la fin de ce qui l'avait motivée jusque là. Il n'y avait pas de rupture franche, mais une transition continue. Le passé alors se détachait de lui-même.

Elsa était résolument tournée vers l'avenir. C'était la perspective du futur, même inconnu, qui l'attirait. Elle se faisait aider par le changement d'environnement qu'elle avait provoqué. En apparence, ce n'était pas elle qui changeait, mais les circonstances de sa vie : son métier, son lieu d'habitation, son partenaire affectif, une grossesse… Le passé avait peu de raison d'être dans le présent. C'était la dynamique créative de sa vie qui était chargée d'achever les éventuels reliquats du passé, sans s'y appesantir.

Alex se considérait comme un arbre en croissance : des branches nouvelles poussaient régulièrement, augmentant ses connaissances et ses compétences. Les points de crises rencontrés, permettaient l'exploration de nouveaux paysages. Évoluer pour lui, était autant conserver du passé ce qui pouvait servir, qu'assimiler progressivement les nouveautés pour enrichir sa curiosité toujours à l'affût.

Théo, très nettement, éprouvait le besoin lorsqu'un apprentissage, une expérience étaient terminés, de passer à autre chose, de tourner complètement une page. Il ressentait avec une sorte de satisfaction cette mort à l'intérieur de lui-même de ce qui était fini et libérait un nouveau commencement. La fin des choses était davantage pour lui un processus de transformation, de croissance, qui permettait l'assimilation d'un nouveau potentiel dirigé vers l'avenir.

Se rendre compte de ces processus avait amené en chacun davantage de cohérence et la constatation d'une manière d'être et de faire, réutilisable et épanouissante dans des domaines différents : « Voila comment je m'y prends pour avancer, et comment je suis plus efficace, si je le fais consciemment. » C'était une prise de conscience qui donnait davantage de sens à une nouvelle identité plus globale et permettait mieux de prendre notre place dans la société.

Trois pas majeurs

En se retrouvant dans leur mini groupe, Xavier, Cyril, Elsa et Théo s'étaient demandés : à quels signes, à un moment donné, peut-on reconnaître qu'une personne a fait suffisamment de « pas suivants » pour gagner une réelle autonomie et une liberté intérieure par rapport au monde des apparences ?

On pourrait dire que, justement ça ne se voit pas, car ce sont généralement des gens très ordinaires, des « madame et monsieur tout le monde », mais qui sont devenus intérieurement moins handicapés grâce à leur affranchissement de ces dépendances. Ils commencent à avoir accès à d'autres types d'énergies intérieures, harmonisantes et transformatrices, qu'ils peuvent à leur tour retransmettre.

Il semble que l'on puisse identifier les indices de trois transformations significatives.

– Reconnaître que nous avons en nous toutes les tendances humaines, bonnes ou mauvaises. Et que c'est à partir de la conscience de ce fait, que nous pouvons aborder les relations avec les autres, qui sont très concrètement nos semblables. Ils sont donc porteurs de caractéristiques que nous admirons ou réprouvons, comme ils peuvent le faire vis-à-vis de nous-mêmes. Il faut en tenir compte pour agir de façon responsable. C'est le commun qui doit primer sur les différences.

– Admettre que ce que nous méprisons et rejetons le plus chez les autres, est ce que nous avons le plus refoulé en nous. Les autres sont le miroir de nous-mêmes. Si l'on prend la peine de transposer cette situation à l'intérieur de nous, nous pouvons y trouver des « corps étrangers » si différents de l'image que nous voulons avoir de nous-mêmes. Ces aspects toxiques doivent être intégrés plutôt que rejetés. Ils sont chargés d'une puissante énergie dont l'effet destructeur doit être transformé en force créatrice. Cela demande du courage. C'est une autre façon d'explorer toute la panoplie des différences humaines. Et de nous rapprocher des autres aussi, dans un premier temps par le négatif, avant que nous apprenions à le faire évoluer en compétence nouvelle. Nous endossons ainsi des identités variées qui enrichissent notre compréhension des autres et nous permettent de nous mettre à leur place.

– Cesser de nous identifier à des convictions, des croyances que seul le hasard de la naissance a déterminées. Cet apparent hasard nous offre en réalité, des opportunités d'évolution et de transformation. Car nous avons de nombreuses naissances. Les règles et les habitudes d'un lieu, d'un milieu et d'une époque, sont des vérités provisoires et relatives. Elles ne doivent pas nous séparer des autres qui sont soumis aussi au même type de conditionnements.

Un autre monde

— Si on essaie de reprendre un peu les thèmes qu'on a abordés depuis le début de nos rencontres, s'interroge Théo, que pourrait-on envisager pour l'avenir au point de vue collectif ? Pour les générations futures ? Si les quelques prises de conscience évoquées étaient intégrées et mises en pratique à l'échelle de la société ? Les grandes évolutions apparaissent utopiques, irréalistes et suscitent toujours au début de grandes résistances. Mais l'humanité a déjà pris quelques grands tournants : l'utilisation du langage, la sédentarisation, l'écriture... Et, cette fois, il pourrait s'agir aussi d'une très grande mutation. Ce ne sont, bien sûr en apparence que nos expériences individuelles. Elles semblent très minoritaires aujourd'hui, par rapport à la population mondiale, mais représentent quand même quelques centaines de milliers de personnes. De nouvelles générations prennent la relève aujourd'hui et rendent caduques les certitudes du passé. Il y a toujours des gens qui résistent aux changements, mais également des pionniers qui préparent demain. La fin des choses se passe aussi au niveau planétaire, pour permettre au nouveau d'émerger. Quels sont alors les pas suivants susceptibles de se réaliser, guidés par la poussée évolutive à l'œuvre dans tous les règnes. Ils pourraient alors éclairer notre société basée sur les apparences pour l'aider à sortir des impasses dans lesquelles elle patauge souvent ? Et modifieraient complètement notre vision de l'avenir. Ces pas sont faits de tous les pas de chacun. Car une des caractéristiques du monde qui vient est l'interdépendance. Elle est appelée en évoluant, à devenir la solidarité.

Pour Xavier, si suffisamment de personnes expérimentent un élargissement de ce qu'ils perçoivent de la réalité, la société va se rendre compte que la mort n'est pas du tout ce qu'on croit. Ce n'est pas une fin. Il faut simplement atteindre la masse critique d'individus qui va faire basculer notre paradigme matérialiste.

Cyril est conscient qu'on reçoit en retour ce qu'on a semé. De vie en vie. Et collectivement, avec les interactions avec notre environnement.

Elsa partage avec d'autres, également en quête de sens, partout dans le monde, le fait qu'on a besoin de presque rien pour être heureux, une fois que les besoins fondamentaux sont satisfaits.

Pour Théo, l'évolution a un Sens, si on a les outils pour le percevoir. Un de ces moyens est le développement et l'élévation du niveau de conscience d'individus de plus en plus nombreux. Ce qui ne manquera pas de banaliser ces perceptions.

Ce qui a aidé Xavier à y voir un peu plus clair, à propos de la mort, est d'abord d'avoir expérimenté une expérience de « sortie hors du corps » lors de son coma. Nous ne sommes pas que notre corps matériel. Il a été étonné de voir qu'il pouvait partager cette expérience avec d'autres, qui une fois mis en confiance, témoignaient d'une expérience similaire. Ensuite son travail sur ses vies passées, lui a permis de mieux comprendre l'importance de vivre dans un corps physique qui offre les meilleures conditions pour modifier nos comportements pendant ce passage sur la Terre, le temps d'une vie. Une vie est importante, si on apprend quelque chose, si on aide les autres à avancer dans la mesure de ses moyens, si on accomplit sa tâche. Toutes les vies sont importantes, si elles sont en harmonie avec notre nécessité intérieure. Dans ses moments d'intériorisation profonde, Xavier avait l'impression que c'était davantage la fin du connu, la disparition de l'attachement aux conditionnements, qui nous faisaient davantage peur, que la fin du corps physique. Et qu'en affrontant cette peur, on pouvait apprendre à mourir de son vivant, pour devenir réellement plus libre.

Cyril aimerait expliquer un peu plus ce qu'il commence vaguement à saisir de la loi de cause à effet.

— C'est une loi naturelle. On la comprend d'abord comme une nécessité de rééquilibrer un excès dans un sens par l'expression de son contraire. J'ai tué, je serai tué. J'ai abusé de mon pouvoir et à mon tour, je serai victime d'un abuseur. Mais on fait des progrès si, à chaque expérience, on intègre le sens de cette alternance, si on modifie en nous suffisamment de choses pour ne pas recommencer les mêmes erreurs. Il me semble que le sens profond de ça, est d'apprendre à discerner peu à peu ce qui est illusoire dans chaque terme de l'alternance. Et donc de mettre en valeur à chaque fois l'attitude juste, d'exprimer avec plus de constance ce qui est vrai par rapport à ce qui est faux. C'est-à-dire ce qui est débarrassé des filtres et des illusions au travers desquels on voit le monde. Une des interprétations erronée, serait de dire qu'on est puni par où on a pêché. L'erreur est d'y mettre un jugement, une réprobation affective. Et de rester dans l'alternance, sans y voir une opportunité de croissance. En même temps, l'alternance est l'occasion de révéler ce qui à chaque fois se présente comme quelque chose de commun aux deux termes. Apprendre à discerner l'unité dans la loi apparente de cause à effet qui nous ballotte d'un bord à un autre. A chaque fois c'est le plus stable, ce qui persiste au milieu du changement qui absorbe un peu de l'éphémère. Ce qui aide à développer une nouvelle identité intérieure : par exemple, tuer et être tué, va permettre progressivement d'apprendre le caractère précieux de la vie, de le respecter, puis de le défendre. Voir le même, dans l'autre que moi, permet aussi de sortir de l'enchaînement des répétitions. Quand c'est appris, on arrête cette alternance-là, pour passer aux autres apprentissages.

Savoir exprimer le contentement est, pour Elsa, une notion clef de la vie. Pouvoir se réjouir de ce qui est, et particulièrement pouvoir partager les joies minuscules d'une vie ordinaire. Et à partir de là, laisser s'épanouir tous les potentiels non explorés de chacun qui enrichissent notre vie. Quitter les auto-limitations, les interdits qu'on s'impose à soi-même et les pseudo-normes que la société nous présente comme indispensables. Permettre à la vie d'exprimer son potentiel créatif. On est alors très loin de la société de consommation qui nous envahit avec le superflu et l'inutile. Rompre avec le toujours plus, matériel et le remplacer par la croissance intérieure. Cela nécessite d'être à l'écoute des vrais besoins que nous ressentons en nous, dans un souci d'authenticité et de simplicité. L'empathie envers les autres, devenus les mêmes que moi, peut devenir la trame des échanges avec notre environnement. Il nous faut apprendre à être heureux, sans dépendre de quelque chose ou quelqu'un. Ce qui ne manque pas de survenir paisiblement, quand on s'est débarrassé des esclavages qui encombrent notre vie. Alors on peut s'attacher, sans attachement, sans dépendance.

Théo reste songeur :

Un jour, nos pas, si longtemps embourbés dans les marécages de l'instabilité matérielle, rencontrent enfin une terre ferme et hospitalière.

Devant nos yeux, la lente dissipation des brumes émotionnelles laisse peu à peu apparaître la splendeur de paysages familiers et longtemps méconnus.

Tandis que, des multiples explications portées sans fin par le mental, ne parvient plus qu'un bruit de fond s'estompant doucement dans le lointain.

Seul demeure alors l'écho des rires des enfants qui monte avec le soleil du matin.

SOMMAIRE

Deux mondes en même temps 5
   Premiers pas 9
   Essais d'autonomie 13
   Les cycles de la vie 15
   Si la mort n'est pas la mort 21

L'abandon d'Amélie 27
   Le passé au présent 29
   Savoir s'attacher de façon détachée 54

Interroger le monde 57
   Apprendre à partir du quotidien 59
   La langue des signes de la vie 70
   Un monde intérieur 75

Xavier et le fauve 78
   Dompter le cheval 81
   Un fauve à la maison ? 90

De nombreux chemins 95
   Au début il y a la fin 97
   Feux de bois, de toi, de moi 105
   On voit le monde tel qu'on est 108
   Passion et détachement 120
   Synthèse pour avancer 122
   Des outils pour la route 123
   Être dépendant à l'intérieur ? 130

Réparer 143
   Quand l'écho du passé semble ne jamais finir ... 145
   Dépendance, obstacle, pas suivant ? 154

La tâche d'une vie 163
   Un pas vers la liberté 165

Construire son autonomie 177
   Un pécule pour avancer 178
   La feuille de route 181
   Le temps du changement 190
   Trois pas majeurs 194
   Un autre monde 196